乡村学校课程改革 20 问

杭州市教育科学研究所　编

中国出版集团
现代出版社

前　言

　　自启动深化课程改革以来,乡村学校课程改革质量一度成为关注的焦点。当前课程改革实践的"声音"集中在城市学校,而实施的难点却在乡村。调查发现,乡村学校课程建设的整体质量不高,17.9%的教师对校本课程不满意,89%的学生认为校本课程增加了学习负担。如何提高农村学校课程建设的质量? 一些农村学校试图学习城市的改革经验,但城市的"声音"没有很好地与本土"方言"结合,导致许多观点和策略水土不服,效果欠佳。

　　另外,也有许多乡村学校在课程改革中勇于探索和创新,立足学校的实际情况,充分挖掘地方特色资源,创造性地构建起了学校课程体系,打造有乡土特色的课程群,结合地方社会经济发展的现实,联系学生的生活,创新课程实施方式,在课程改革的实践中找到了学校的新增长点,建设起了有特色、高质量的学校课程,提高了学校的整体教育质量。这些学校的成功经验告诉我们,乡村学校在课程改革中也是大有可为的。

　　为了帮助在课程改革中遇到困难的学校和教师,我们梳理了学校课程建设中常见的20个问题。并针对这些问题,比较系统地总结了学校的成功经验,编写了这本《乡村学校课程改革20问》,意在为学校和教师进行学校课程整体设计,开发有特色、高质量的校本课程,创新课程实施,改善课程管理提供基本的指导、技术支持和有价值的经验。我们期望本书能为乡村学校课程改革的深化发展贡献杭州的经验和智慧。

　　本专著由杭州市教育科学研究所策划,俞晓东、黄津成负责设计本书的框架和全书的统稿工作。杭州市农村学校课程改革研究联盟的部分成员承担了本书的撰写任务。四编的审稿分别为：第一编刘金虎、章荣华，第二编顾兴明、李祝勤，第三编陈明霞、王雁春，第四编江军平。

　　限于我们的水平与时间，本书肯定存在不足与疏漏之处，敬请广大读者批评指正。

杭州市教育科学研究所所长　俞晓东

目录
CONTENTS

第三编　校本课程的实施

第四编　学校课程的领导和管理

结语编　校本课程的改进

第一编　学校课程顶层设计

第 1 问
乡村学校课程建设如何定位?

　　学校的根本任务是立德树人,课程是育人的主要载体,是学校为实现培养目标而选择的教育内容及其进程的总和,是对教育目标、教学内容、教学活动方式的规划和设计,是实现学校育人功能最主要、也是最重要的立足点。随着义务教育课程改革的不断深入和国家课程、地方课程、学校课程三级课程体系的建立,特别是《浙江省教育厅关于深化义务教育课程改革的指导意见》将浙江省义务教育课程划分为基础性课程和拓展性课程后,如何科学处理上述课程的关系并加以正确的定位,一直是乡村学校课程建设面临的现实问题。

　　审视国内外课程发展史,西方主要国家很早就开始推行国家课程与校本课程并行的课程体系。自新中国成立以来,我国仿效苏联经验,逐步建立起统一的国家课程体系。1999年6月15日,中共中央国务院《关于深化教育改革全面推进素质教育的决定》发表,明确提出要"调整和改革课程体系、结构和内容,建立新的基础教育课程体系,试行国家课程、地方课程和学校课程"。由此,我国课程体系开始由原来单一的国家课程走向国家课程、地方课程和学校课程并行的三级课程体系时期。这里的"学校课程"既包含国家课程、地方课程的校本化实施,更包括以学校为本的课程,即校本课程。因此,这里所指的"乡村学校课程"即指乡村学校的校本课程。其相互关系如图1-1所示。

在课程建设中,课程目标、课程架构、课程内容和课程实施构成其基本框架。因此,乡村学校课程建设的定位,一是要基于学校,明晰乡村学校课程建设的目标;二是要立足整体,架构乡村学校课程体系;三是要彰显特色,科学选择乡村学校课程内容;四是要注重体验,完善乡村学校课程实施策略。

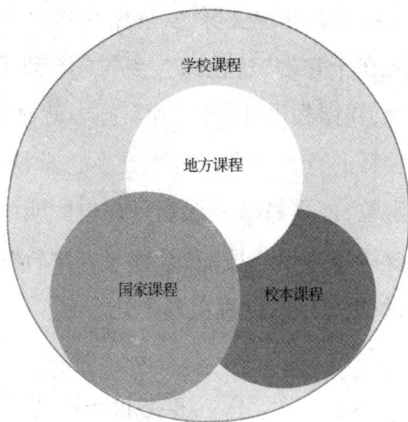

图1-1 三级课程及其相互关系
示意图

一、基于"学校"的乡村学校课程的目标定位

课程目标是指特定课程所要达到的预期结果,是"课程本身要实现的具体目标,期望一定教育阶段的学生在发展品德、智力、体质等方面达到的程度"[①]。它是确定课程内容、教学目标和教学方法的基础,是整个课程编制过程的核心准则。"校本课程的特点是'基于学校,又发展学校,促进学校特色化发展'。"[②]因此,乡村学校课程目标的确定,必须立足丰富、独特的乡土资源,使学校课程的价值取向具有独特性、多样性、丰富性和体验性,使乡土资源成为看得见、摸得着、用得上的具有乡土气息的教育资源,以此传承家乡文化,丰富乡村孩子的生活体验和实践经验,浸染、韵润和涵养乡村孩子的人格心灵,孕育乡村孩子的家国情怀,传递乡村文化特色和精神文明。

乡村学校课程建设的最大亮点,一方面在于它的"乡土味",承载浓郁乡

① 顾明远.教育大辞典·增订合编本(上)[Z].上海:上海教育出版社,1998.
② 邢晓.基于差异化战略的校本课程建构及实施路径——以中小学为例[J].长江大学学报,2019(4).

土特色的深厚文脉,实现传承和发展乡村文化、丰盈精神内涵的作用。同时,还在于它的"特色味",乡村学校课程建设由于具有丰富的可开发的课程资源,在课程设计、开发和实施中就显得水到渠成,短时间内即可形成乡村学校独特的育人特色。这也是乡村学校课程的总体目标。正是这样的课程目标定位,使乡村学校课程呈现出鲜明的个性特色。在具体的目标设计上,同样要体现知识与技能、过程与方法、情感态度与价值观的三维目标。尤其是后者,更是学校课程出彩之处。

案例1—1 贤明中学"罗隐文化"

杭州市富阳区贤明中学的"罗隐文化"校本课程,基于"罗隐文化"的地域特色,旨在培养学生的人文底蕴,其课程目标设置如表1-1所示。

表1-1 "罗隐文化"校本课程目标细目表

总目标		分目标	
维度目标		基础性目标	发展性目标
知识与技能	知识	了解罗隐的生平事迹及时代背景;学习罗隐的诗歌,知道与罗隐相关的故事	进行罗隐碑林的参观学习,进行民间罗隐故事的收集与交流;罗隐代表作品的赏析以及评论
	技能	诗文朗诵指导课:指导学生有感情地吟诵罗隐的诗文;开设罗隐诗文鉴赏指导课,教会学生掌握品评诗文的方法	罗隐诗书法作品展示,在书写的过程中既体会汉字的结构美,又加深了对诗文的理解。将诗意用绘画的方法表现出来,意在开发学生的想象力,从而得到美的陶冶、美的感受
	创新	创编罗隐文化小报及罗隐的故事(诗歌、谜语)创作	创作罗隐习作小品文;创意罗隐诗歌赏析会;创新罗隐传说故事会

续　表

总目标	分目标	
维度目标	基础性目标	发展性目标
过程与方法	1.访罗隐故里:参观学校书院,开展"罗隐毅行"活动,步行到罗隐纪念馆,访问罗隐故里双江村等,以激发学生的学习积极性 2.寻罗隐传说:指导学生借助图书馆与网络、拜访当地的老人等方式收集有关罗隐的故事、传说,进一步走近罗隐 3.演罗隐故事:巧用《王牌对王牌》综艺节目,学生自由组合演绎罗隐故事,加深对罗隐的了解	
情感态度与价值观	情感	1.提高学生涵养,培养博学儒雅的气质 2.学习传统文化,培育学生的人文底蕴 3.体验罗隐文化,热爱家乡的区域文化
	态度	1.增进学生对罗隐文化知识的认识,逐步形成热爱文化的观念、意识和能力 2.促进学生主动参与罗隐文化寻访等各类活动,增进对中国传统文化的了解与认识 3.养成积极向上,不畏艰难的生活态度
	价值观	1.培育学生"爱国、爱家乡的情怀" 2.增强团队意识,形成较强的社会责任感 3.学会合作、学会思变等

　　乡村学校课程建设的目标定位,既要有助于学校特色发展,更要有利于乡村孩子紧扣时代的脉搏,树立远大理想,实现成人与成才的统一。

　　基于学校和乡土特色资源,服务学校特色建设与发展,服务学生全面而富有个性的成长,让学生回归自然,亲近家乡,牢记乡愁,培植乡情,在实践体验中学会生活,发展学生核心素养,是乡村学校课程建设的终极目标。

二、立足整体的乡村学校课程的架构

基于"学校"的乡村课程改革,应从整体出发,立足学生、教师、学校的发展,结合学校课程现状及发展趋势,综合考虑国家、地方和校本课程的一致性和连贯性。具体来说,一是要保证国家课程的开齐、开足、开好,体现课程的国家意志;二是要促进地方课程的多元融合;三是要挖掘校本课程的特色资源;四是要鼓励教师开发课程;五是建立"以生为本"的多元课程评价指标。只有这样,才能正确处理国家、地方、校本三级课程的关系,在囊括学校、教师、学生三大主体的基础上,涵盖课程开发、实施、评价全过程,将课程的理想目标与学校的现实发展相结合,并保证有效落实。

案例1—2 湖源乡中心小学"醉美湖源"

杭州市富阳区湖源乡中心小学的"湖源样式"特色课程,基于湖源特有的地方资源,遵循课程的基本要素,以"回归自然、亲近家乡、乐于实践、学会生活"为课程愿景,制订了适合学生发展的校本课程实施方案,编制具有地方特点的校本课程实施手册,让学生赏析家乡自然与人文风光,了解民俗民风,探访家乡历史与文化,品味家乡美食,在体味乡情、铭记乡愁、感悟家国情怀中,使校本课程烙上"湖源"印记。课程围绕一个课程目标(培养"亲自然、爱家乡、会生活"的湖源学子)、四大版块内容("赏景""访史""品味""悟情")、两种实施途径(主题实践活动和项目活动)、三类特色评价(参与式评价、诊断式评价、展示式评价)展开。

在课程实施上,通过"湖源"最美景点筛选,设计"赏景"方案,唤醒学生对家乡美景的热爱;通过主题实践活动、项目活动等表达体验,让学生回归自然;通过查找文献、调查访问,了解家乡厚重的历史文化;通过设计方案、实地参观,感受家乡深厚的红色文化内涵;以"调查访问→确定活动→参观体验→操作感知→参与评价"为主线,确定项目,在操作体验中感受和传承家乡文化的丰富;通过"调查→筛选→计划→实施→展示→升华"为主线的主题实践活动,体验美食的制作,传递乡情,品味家乡美食,开启探究美食之旅;通过"乡游大会"之"别样元宵、年味乡愁——乡风民俗展示暨雨水节气"和壶源溪边舞板龙、回龙湖上放花灯,体会家乡民俗民风;通过"品年味、忆年俗、拾年趣"和"小绿芽环保志愿队"以及"亲子种植""洁美家园""孝素制作"等项目活动,丰盈学生生活体验。

乡村学校课程的架构,一是"开发",将乡村富含和潜藏课程价值的、但未被充分利用的资源通过合理渠道纳入课程资源,并成为课程内容及活动的组成部分,即乡土资源"课程化"。二是"利用",对已经纳入课程资源范畴或课程体系的资源进行"再开发",即更充分地加以利用,以发挥更大的课程价值。

三、立足区域的乡村学校课程的内容选择

爱国必先爱家乡,了解家乡是激发学生家国情怀的前提和基础。以乡土情怀的培育为起点,不仅易与学生实际生活经验相配合,更易培育学生认识、关怀与认同乡土的责任感。

乡村学校课程的内容选择应立足于乡村,从乡村现有的资源出发,力求体现地方特色和乡村特质,分门别类(可以按主题,也可以按项目)地系统整理特定地域的课程资源,从传承传统文化和促进学生学习与发展能力的高度,对国家课程进行梳理、整合,筛选出符合学校、学生实际的课程内容,与乡土课程资源进行无缝对接,进行校本化实施,形成"乡味"课程,充分吻合乡村特色的"回归自然、亲近家乡、学会生活"的课程愿景。

案例1—3　灵桥镇中心小学"韵美富春"

杭州市富阳区灵桥镇中心小学的"'韵美富春'美术特色课程"通过主题、项目、专项特色活动等形式,按内容特点及学生实际需要逐次展开,其包括基于主题、基于专题和基于区域"美术工作坊"三大模块。

1.基于主题的"韵美富春"美术特色课程,通过选取学生熟悉的"韵美"内

容,从兴趣需要和生活经验出发,实现生成性与整合性统一,并以"唤醒""架构""整合"和"支持"为主要单元。

一是追随学生经验,通过收集本土自然材料、地方资源内容,凸显"韵美"特色中独有的"景、文、艺、食"元素,唤醒学生对生活中"韵美富春"特色元素的审美感受。

二是通过宽广、深度中的纵向脉络和动态、开放中的横向脉络,以"孔雀开屏"的形式不断拓展、深入,形成主题网络,并及时将共同感兴趣的内容进行横向网络的添加,在原有基础上进行补充,架构"韵美富春"生态主题脉络。

三是整合学生能深入体验的"韵美富春"的多种资源。将"内容的整合、空间的整合、实施者的整合、实践活动的整合"融为一体,促进相互之间的渗透与整合。

四是通过带领学生尝试实景体验,实现体验与表现的融合;通过代表群体的共同意识与学生个别化的学习表达,促进共性与个性的对话;通过激活生活资源与学生艺术素养之间的关系,使铺陈与留白结合,支持学生对"韵美富春"的整体感知和多元表达。

2.基于专题的"韵美富春"美术特色课程,以阶段性的特色体验展示为主,通过凸显地方特色的"韵美"艺术节和追寻地方文化的"韵美"季节体验活动,在主题行进中拓展与补充,具有互通性、场域性、专题性等特点。

3.基于区域"美术工作坊"的"韵美富春"美术特色课程,"美术工作坊"是对主题课程的补充,具有"专用、专职、专项"的特点。内容来自"韵美富春"下"景""文""艺""食"的多种体验感知,通过工作坊丰富的表现形式和表现手法进行操作,内容有编织、纸艺、陶泥、扎染、石玩、版画、水墨等美术形式。

在乡村学校课程内容设置时,应从宏观到微观,从整体设计到局部突破,树立三个意识:第一,以生为本。尊重学生,强调主体参与,把学生的个人知识、直接经验、生活世界看成重要的课程资源,将课程的儿童立场与教师立场相结合。第二,统合意识。由追求单门课程内容的严密、完整转化为课程版块之间的完善、系统,由原先各课程之间的相互隔离、系统转变为相互贯通,

相辅相成。第三，多元拓展。关注乡村味道，立足生活视野，将实现生活世界和书本世界"情理相融"，知性的"知识"和理性的"智慧"互融共生。

四、彰显体验的乡村学校课程实施

课程实施是课程建设的重要环节，也是课程目标转化为育人目标的桥梁。先进的课程理念、科学的课程目标，丰富的课程内容，只有通过科学的课程实施，才能实现学习方式的转变，实现从单纯的维持性学习向为全方位参与的项目式、体验式、探究式、整合式学习转变，才能确保学校育人目标和特色发展落到实处。当前，乡村学校校本课程建设，形式大于内涵，教材编写大于课程实施，评价流于表面，这是一个不争的事实。这当中固然有学校师资力量不足、资源缺少整合等因素，但根本原因还在于缺乏行之有效的实施策略，从而使乡村学校课程难以落到实处。因此，要根据乡村学校课程的校本性特点，通过自主探究式、情境体验式、跨界整合式等多种方式，推进乡村学校课程的实施。

案例1—4 原福光小学"国际跳棋"

原杭州市富阳区新登镇福光小学的"国际跳棋"校本课程，其实施策略为：

1.基于多措并举的国际跳棋课程理论教学。一是国际跳棋微课教学。制作跳棋基本知识类、练习类、战术类微课，实施理论教学，奠定国际跳棋入门基础。二是国际跳棋游戏教学。运用残局游戏、摆棋谱游戏等方法，让学生在兴趣盎然的游戏活动中，初步掌握国际跳棋的一般技巧。三是国际跳棋儿歌记忆教学。师生一起编写儿歌，让学生在轻松的氛围中学习国际跳棋的知识和技能，使抽象的国际跳棋知识变得童趣化。

2.基于趣味化活动的国际跳棋特色课程实施。通过国际跳棋嘉年华、国际跳棋亲子赛、国际跳棋特色秀等，直观形象地将枯燥、乏味的国际跳棋活动变得生动、有趣，感受国际跳棋的魅力，增加国际跳棋的活力，使之变得生动而富有感染力。

3. 基于实战化竞技的国际跳棋特色课程实施。通过国际跳棋团体对抗赛、冠军车轮战、棋王争霸赛等方式,以赛促学,提高国际跳棋的影响力。

4. 基于主题活动的国际跳棋特色课程实施。开展特色鲜明的国际跳棋演讲堂、国际跳棋心愿卡、国际跳棋征文赛和海报设计等系列主题活动,助推校本课程实施。

5. 基于多元的国际跳棋特色课程评价。以等级评价为主,诊断性评价、过程性评价和终结性评价有机结合,以此保障课程有效实施。学生可根据自己的表现和知识、技能层次随时提出申请,提升等级;教师及时做出评价,尤其是过程评价,凸显评价内容多元、评价时空多项、评价方式多样。

乡村学校课程实施,必须基于学校和课程建设现实,突出开发利用方式与特殊地域、特定学校的适宜性,以课程理念落地、课程目标实现、育人目标达成、学校特色发展为归宿,凸显课程的育人价值。

作者:刘金虎

杭州市富阳区教育发展研究中心

第 **2** 问
乡村学校课程建设的思路如何设计?

　　课程是学校发展的核心要素。学校课程建设的思路决定学校课程的内涵。审视当下乡村学校课程建设实践,看似热闹,但对课程的理解各不相同:有的把校本课程看作国家课程的附属,是升学考试课程的延伸和拓展;有的把它看作学校和教师自由开设的"个性"课程;有的校本课程开发不顾国家课程和地方课程的要求,把它看作编写校本教材或补充教材⋯⋯上述观点表明:许多乡村学校对课程建设的思路并不明晰。对这一问题的理解,直接关系到乡村学校课程建设的目标定位,关系到课程建设的成败。那么,乡村学校课程建设的思路到底该如何设计呢?

　　课程建设思路是指学校在特定办学理念的指导下,对课程理念、课程目标、课程设置、课程实施以及课程评价等的总体设计方向。它集中体现办学者的教育思想和教育观念,既是实现教育目标的蓝图,也是组织教育教学活动的最主要依据。学校课程建设的具体实施是从课程建设思路起步的。

　　乡村学校课程建设思路的设计,一是要遵循新课程改革的理念和学校办学的哲学思想,体现课程建设的价值取向,为乡村学校课改的健康发展提供指引;二是要基于学校所在地的资源优势和发展需求,从课程定位、教学内容、教学方式和评价制度等方面进行综合设计,形成具有乡村学校特色的课程建构;三是要适切学生需求,促进学生全面而富有个性的发展,进而凸显学校文化,促进学校品质发展。

一、依托乡土资源的乡村学校课程设计

乡土资源是教师、学生和学校所在的特定行政区域内自然资源、人文资源的结合体。作为学校独特的课程资源,乡土资源是乡村学校课程资源重要组成部分,是乡村学校课程建设中应当首先关注并加以应用的。基于乡土资源建设乡村学校课程,能保持学校课程与地域文化的血脉联系和精神契合,以凸显学校课程的育人目标和地域文化特色。同时,还是对地方优秀传统文化的一种传承。这样的课程融校本性、趣味性、体验性、实践性、操作性、综合性为一体,既便于课程的实施,也便于留住乡愁,赓续绵延的文化之根,利于学生家国情怀的养成。

案例2—1 里山镇中心小学"'茶礼'文化"

杭州市富阳区里山镇中心小学依托当地"安顶云雾茶"的资源优势,开发"'茶礼'文化"实践活动课程。课程以感受家乡传统茶文化,提高学生礼仪素养和道德情操为基本理念,突出实践操作的趣味性、知识理论的科学性和多姿多彩的艺术性。

课程以"茶礼育人"为开发理念,通过对"'茶礼'文化"校本课程建设,让学生学习中国传统茶礼文化,感受祖国传统茶文化的博大精深,掌握茶的基本知识、茶艺基本技能以及与茶有关的人文历史知识,丰富学生的精神生活,达到茶礼育人、素养提升的目的。

据此,学校开发出《灵峰新韵》《古韵茶馨》《灵峰茶韵》三本校本教材,具体内容包括中国茶和茶文化、家乡的茶叶、茶叶的制作和种植、八方墨客咏香茗、圣贤醉墨描胜景、灵峰古韵源远流、灵动小坞隐大贤、茶语清心悟人生以及茶文化实践活动等。

在具体实施上,通过故事演讲、古诗吟诵、小报编制,开展基于茶史的"茶

礼"知识教学；通过茶农谚语童谣、技艺体验、茶食制作，开展基于茶事的"茶礼"技能教学；通过微课、实地观摩、生活设计，开展基于茶具的"茶礼"鉴赏教学；通过示范欣赏、学员体验、茶艺比拼，开展基于茶艺的"茶礼"习得教学；通过行茶知礼、项目调查、接待实践，开展基于展示的"茶礼"展示教学。在此基础上，通过技能性的甄选级别评价、过程性的体验实践评价、多样化的个性展示评价，确保学生知茶史、懂茶事、赏茶具、习茶艺、行茶礼落到实处。

这样的课程架构，目标明确，模块清晰，内容丰富，层次分明，凸显课程的"核心指标""内部生长"和深度学习，使每位孩子在"以乡村为教材"的真实情境中学有所获、研有所悟，以实现综合育人的目的。

"'茶礼'文化"课程是基于乡土资源的多元视角和趋个性化的创新要求的结合，也是承载和传承农村文明与文化的重要途径。根据学习内容与目标，灵活有效地利用学生身边的地域文化资源，为学生发展提供更为实际、更为真实的学习情境，将书本知识、学生生活、社会实际有机地整合起来，实现学以致用。

二、依托学校特有资源的乡村学校课程设计

学校资源是在办学过程中逐渐形成的一种教育教学的优势，是学校无形的课程资源。乡村学校在课程建设中应充分考虑学校师资和资源的优势与不足，扬长避短，立足学校办学目标定位，充分利用学校原有资源并加以挖掘，结合课程建设的要求，开发个性鲜明的特色课程，这不仅是完成教育教学目标和育人目标的要求，更重要的是通过课程建设，形成独特的办学文化和学校精神。因此，学校特色资源优势是学校课程设计的一个切入口。

案例2—2　新登中学"圣园德育"

新登中学作为一所农村普通高中，坐落于唐代"东安书院"遗址和1903年县学堂旧址，为古之"圣园"，校内有数十块古碑以及石虎、石马、石狮等多座，

保存于圣园原大成殿遗址建造的回廊中,称"圣园碑林"。同时,新登古城墙拱抱学校;学校还是新四军战史上著名的"新登战役"发生地,校内建有"新四军主题公园";该校还是国家非物质文化遗产项目越剧代表性传承人徐玉兰的母校。

基于这些丰富的人文与历史资源,学校经过10年实践探索,成功开发出"圣园德育"课程群,形成以"教化育德"的"圣园德育"实践活动课程、以渗透育德的"古城文化"特色课程、以滋养育德的"艺术审美"特色课程。

该课程"以学生为本、重学习能力、促健康发展"为课程理念;以尊重学生个性、满足成长需求、促进和谐发展为课程目标;课程内容分年级安排;以人文课程锻造特色,技能、实践课程注重体验为开发策略;明晰了"以生为本,自主开发;微型叠加,滚动开发;挖掘资源,联动开发;学校推助,提炼精品"的课程开发思路;按照"课程背景—课程目标—课程形式—课程内容—教学安排—课程评价"六个环节进行,通过单科突进、多科串联、学科互补、学段交叉和师资互补等方式予以实施,从而实现课程资源从单一走向多元,课程实施从模仿走向创新。

学校是传承文化的载体,肩负培养人的重任,有责任和义务利用这一得天独厚的资源为教育教学服务,将独特的资源开发成学校特色课程,编成教材,进行教学,既传承传统文化,又提升了人文素质的使命。

依托学校特色资源的乡村学校课程设计,虽然基于学校,但是不囿于学校,是为主而非唯一。因为任何一所学校不可能具备学生发展所需要的所有课程资源。因此,学校课程开发必须将国家课程和地方课程的热度开发与校本化实施有机统一。

三、立足教育改革的乡村学校课程设计

新时代背景下的课程改革,强调培养学生积极主动的学习态度,在学习基础知识和基本技能的同时,学会学习,学会做人,形成正确的价值观。因此,乡村学校课程设计要适应这一要求和学生发展需要,体现课程的科学性、

均衡性、综合性和选择性,就应加强与学生生活体验及现代社会科技发展的联系,重视学生学习动机激发和兴趣培养;就应关注他们的学习经验积累,精选终身学习必备的基础知识和技能。

案例2—3 环山中学"走读富阳"

杭州市富阳区环山中学针对我国基础教育过分注重知识权威性、系统性和完整性,学科本位、知识本位严重的实际,以《国民旅游休闲发展纲要》和《关于推进中小学生研学旅行的意见》为指导,以培养全面而富有个性发展的人为目标,开发"走读富阳"校本研学系列课程(见图2-1)。

该课程群包括特色基地研学课程、乡帮名人研学课程、特色景观研学课程、红色印记研学课程和历史遗存研学课程,并对课程设计与实施路径、载体和操作范式进行整体架构。

该课程群以课程资源海选→课程内容论证→课程开发落地→具体教学(研学)实施→教学(研学)实施反馈、矫正与优化→知识巩固与技能提升→思想情感态度与价值观升华为主要流程,以思想引领→自主体验→深度探究→情景学习→实践升华为主要实施策略,实现弘扬科学精神探索科学奥秘,学习乡贤操守汲取思想精华,探究养育一方人士山水风光,传承红色基因荡涤学生心灵,感受悠久历史与厚重文化的目标。

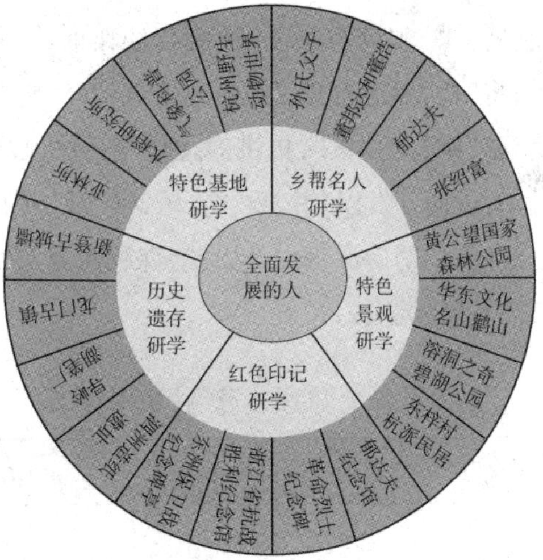

图2-1 "走读富阳"校本研学课程群架构

立足教育改革的乡村学校课程设计,既是贯彻《关于深化教育教学改革全面提高义务教育质量的意见》,"深化课程育人、文化育人、活动育人、实践育人、管理育人、协同育人"和"打造中小学生社会实践大课堂"的重要举措,也是转换育人方式的有效路径。

四、基于学生个性发展的乡村学校课程设计

全面了解学生,发现学生的独特性,确认不同层次的学生的兴趣和才能,创设有利于学生不同智力表现的教学环境,是新课程的要求。学校应面向全体学生,承认个性差异,鼓励个性发展。学校课程设计首先应遵从学生发展的需求,设计富有儿童意识的课程。乡村学校的孩子基本以学校教育为主要学习方式,学校尤其要关注学生发展的个性需求,以儿童视角设计课程,为学生成长奠基。

杭州市富阳区新登镇中心小学根据学生个性特长发展需要,继承与发展中国传统"六艺"(书、数、礼、乐、骑、射)教育内涵,结合学校特色教育实际需要,将"书"解读为书法、绘画与经典诵读;将"数"解读为趣味数学与科技活动;将"礼"界定为礼仪教育与实践活动;将"乐"界定为民族舞蹈与声乐器乐;将"骑"阐释为"棋",指棋韵文化与兵法谋略;将"射"阐释为射击运动与健体活动,进而开发以"书、数、礼、乐、棋、射"为主要指向的"新六艺"特色课程群。

同时,明确课程设计思路、课程内容与特色活动,并与核心素养目标建立实质关联(见表2-1)。

表2-1 "新六艺"特色课程、设计思路与核心素养对应表

新六艺	特色课程群及特色活动	设计思路	对应的核心素养
书	经典诵读、硬笔书法、毛笔书法、中国画、儿童画、简笔画、科幻画、电脑绘画	借助古代"六书"开展汉字识读、书法训练,进而开展经典诵读及书画活动	人文底蕴(人文积淀,培养审美情趣)

续　表

新六艺	特色课程群及特色活动	设计思路	对应的核心素养
数	数学与生活、趣味数学、模型制作、趣味实验、小小发明家、玩转科技、机器人	继承古代"数"之内涵	实践创新(问题解决、技术运用)
礼	中华传统礼仪、现代礼仪、制作与工艺、古城探踪、职业体验、公益活动、社区服务	了解中华传统礼仪,掌握现代礼仪规范;将"礼"的教育拓展为道德教育,在实践中践行	责任担当(自尊自律,文明礼貌,诚信友善;孝亲敬长;具有规则与法治意识、社会责任感)
乐	民族舞蹈、童声飞扬、古诗新唱、民族乐器、音乐欣赏	对古代"乐舞"之"乐"的传承	人文底蕴(人文积淀,培养审美情趣)
棋	中国象棋、国际跳棋、故事象棋	继承古代"御"之抵御、统领(含兵法谋略)等军事意义,结合实际,以棋代"御",在下棋中学习兵法谋略	科学精神(理性思维、批判质疑、探索精神)
射	射击与射箭、中华传统武术、民俗体育	赋予古代"射"(射箭)现代内涵(包含射箭、射击,是传统体育项目的"扬弃")	健康生活(掌握适合自身的运动技能,增强体质)

在此基础上,通过主题教学、专项活动和社会实践,创新课程实施载体。通过基于实践的学习、基于体验的学习、基于探究的学习、基于创造的学习,变革学习方式。

课程是学校教育的主要承载,也是实现育人目标的重要支撑。乡村学校在课程建设过程中,尤其需要先进的教育理念来指导,需要适切的育人目标来引领。而办学理念的实施和育人目标的达成,都需要精心设计的课程来承载和支撑。所以,乡村学校课程设计思路,必须遵循国家教育改革方向,解决

"为谁培养人"和"培养什么样的人"的问题;必须立足乡土教育资源,扎根学校课程资源,通过课程建设,促进学生全面而富有个性的发展,解决怎样培养人的问题。当然,课程建设有一个动态的、持续发展的过程,学校课程改革的设计思路也有一个随着课程实施不断变化的过程。

作者:刘金虎
杭州市富阳区教育发展研究中心

第 ❸ 问
乡村学校课程改革方案如何设计?

　　学校课程实施方案是学校遵循国家课程改革文件精神和要求,立足校本实际,生源情况等因素,对学校的课程目标、课程内容、课程实施、课程管理与评价等方面进行整体全面的规划和设计,逐步形成适宜学情的一套可操作的课程实施方案。它是将国家、地方的课程方案进行校本化改造所达成的结果,具有"个性化、整体性、可操作"等特点。对于许多一线乡村学校的领导和教师而言,如何立足学生实际,设计出与办学理念完全融合的校本课程方案,是一个非常值得探讨的课程建设问题。

　　学校课程改革方案的设计是学校办学理念落地的基石,缺失了对学校课程改革方案的科学、规范设计,办学理念只能是空中楼阁。国家基础教育课程是普适性课程,而学校课程改革方案是基于校情、地域特点对国家基础教育课程的进一步改进,是更接地气的课程计划。它是学校创建特色的重要抓手,学校在梳理、描述推进课程方案过程中,能进一步明晰学校办学思想,彰显学校个性。

　　在方案设计中,设计者要紧紧围绕"背景条件、课程哲学、课程目标、课程结构、课程内容、课程实施、课程评价、课程管理"八大要素展开设计。具体如图3-1所示。

为了设计者能基于学校课程改革方案的内容要素做出准确、规范的表述，现以乡村学校姜家镇中心小学的"小能手课程"为例进行分析。

一、课程背景条件

对课程背景条件进行分析，是学校课程实施方案编制的基础。一般可着眼于三个方面展开：一是国家和地方对学

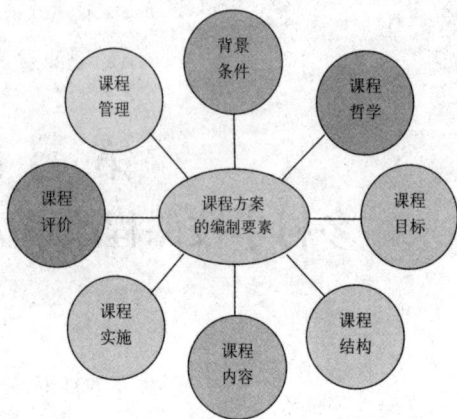

图3-1　学校课程改革方案设计的基本要素

校课程实施的精神与要求概述。二是学校课程发展的优势和不足分析。三是阐述学校未来发展中的课程愿景，特别是能从育人角度来阐述课程方案建设的价值所在。

案例3—1　"小能手课程"的设计背景条件

一直以来，姜家镇中心小学致力于改进课程建设，创新教育教学手段，实现育人的优化。近年来，学校曾获得了全国快乐希望小学、浙江省教育科研百强学校、杭州市首批深化课程改革实验学校等25项省市县荣誉称号。

1."个性化、选择性"课程建设重点迫使学校对课程做出新的架构。按照浙江省教育厅课程改革的文件精神，学校课程方案应着眼基础性课程和拓展性课程来设计，其中基础性课程面向全体，拓展性课程面向个体，满足个性化学习需求。这就迫使学校在当下对课程做出进一步的改进，实现国家课程的校本化，强化学校特色课程建设，满足学生个性化发展，为立德树人教育目标的实现打通一条路径。

2.学校课程改革方案的设计依然要立足于学校课程的优势和不足。学校在口琴课程建设上曾取得了很好的成绩，口琴社团学生曾在新加坡亚太国际

口琴节比赛中获得亚军。这些课程经验为学校新一轮的课程设计提供了借鉴,但诸如此类的优势课程零星存在,难成气候。因此,在课程方案的设计上应充分挖掘优势课程建设经验,以其辐射整体学科发展。

3.学校课程建设更多地指向地域、校园人优质品质的传承与发展。学校课程设计着眼于狮城文化,孕育了一代代杰出人才,立足于学校办学以来培养出了一批批优秀师生的特质而展开,在未来的课程建设道路上,这些优秀的前辈与同伴依然是课程的精髓、灵魂所在。

二、课程哲学

课程哲学是学校课程方案设计的基本理念,是学校课程其他要素建构的依据。学校课程哲学由"学校教育哲学、课程育人理念和学校所倡导的学习理念"组成,其中,学校教育哲学是学校结合多年办学经验形成的一种具有稳定结构的、科学的核心办学理念;课程育人理念是基于学校优良办学理念而提出的学生培育基点和主张;学校所倡导的学习理念是学校课程实施主流策略。

案例3—2 "小能手课程"的课程哲学

1.学校教育哲学:博采教育。朱熹于姜家之地会友,悟道,讲学,会文,面对方塘一鉴和瀛溪的源头活水,临流触发,彻悟了理学真谛,其顿悟之前,广泛阅读五经六典,兼收并蓄,博采众长,其博采之意值得后辈仿效。一直以来,学校立足"博采"二字办学,师生皆在博览群书中成才。着眼小学育人特点,塔基之稳则需广而博的学习,博采教育是适性为之。因此,博采教育是"小能手课程"建构的教育哲学。

2.课程育人理念:让每一位孩子在合作中出彩。学习是一场差异资源的互动,是学习者与有字之书、无字之书,古之圣贤、今乃同伴相互对话,寻找彼此间的差异,并将差异内化,融合为自我所在的一个交互过程。这个广泛意义上的合作正是对博采教育的一种诠释,只有学生学会了找人合作,才有可能找到自己需要的知识与智慧,才能博采众长,创新自我,走向出彩。

3.现代学习理念:融合"合作·智慧·情境"等要素。"小能手课程"的设计是深化课程改革的产物,课程在设计上充分考虑到了激活学生新学习行为的作用。因此立足"合作学习理念、智慧学习理念和情境学习理念"三大理念来设计课程本身。

三、课程目标

课程目标是指学校力图通过课程促进学生身心发展所要达到的预期愿景。课程目标反映了课程的价值取向,即课程所依据的教育哲学,所反映的教育目的。设计中,一般要注重两个方面考虑:一是学校课程总目标;二是课程分目标。目标在阐述上应基于学生核心素养出发,着眼于"知识与能力、过程与方法、情感态度与价值观"三个层面展开描述。

案例3—3 "小能手课程"的课程目标

1.课程总目标。"小能手课程"的总体目标是通过基础课程和特色课程的实施,引导学生在与多元客体发生联系的过程中,清晰地认识自己与客体间存在的差异,并立足差异向上而学,择优发展,最终让孩子经历六年学习,在"择其长中育卓越",成长为"学习、生活、研学、才艺"等方面的小能手。

2.课程分目标。学习小能手课程的目标是能掌握语文、数学、英语、科学等方面的学科知识,会用学科知识解释生活中的现象,或解决一些生活的实际问题;学会学科学习的方法,特别是伙伴学习方法,正确的思维方式,学会科学合理地安排阅读等学习活动;认识到学科知识的重要性,懂得日常生活、学习与学科知识原理的密切关系。

(生活小能手、研学小能手、才艺小能手课程的目标略)

四、课程结构

课程结构是指构成课程的各种活动以及这些活动总体时间安排和配比，一般从两个方面去考虑：一是课程的横向结构设计，处理好基础性课程和拓展性课程的占比和联系。基础性课程可以结合学校特点、学生实际状况进行适当的校本化改造，而拓展性课程应结合学校自身的课程理念、课程目标，根据学生的个性化特点来设计。二是课程纵向结构设计，可以着眼不同年级的进阶发展对课程的横向结构做出进一步细化，由此，在纵向上形成一个连续体，使学生的认知具有一定的过渡性和连续性。

案例3—4　"小能手课程"的课程结构

1.课程的横向结构设计。"小能手课程"的课程结构是以大拇指的图腾为原型，分为"学习小能手、生活小能手、研学小能手、才艺小能手"四大主题内容，每一项内容由"基础课程和特色课程"共同组成。具体如图3-2所示。

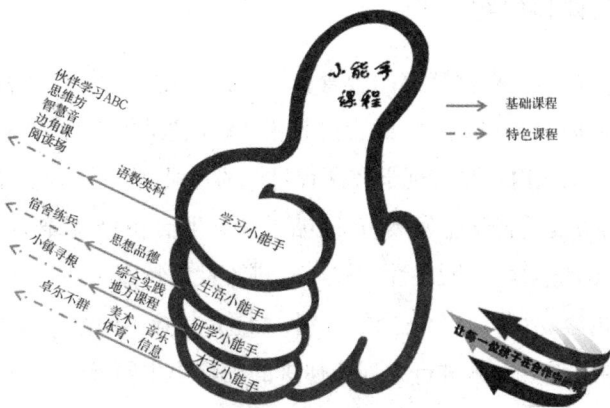

图3-2　"小能手课程"横向结构设计

2.课程的纵向结构设计。在课程纵向结构设计上，管理者着眼学生的认知特点，对每一主题的内容做出了年段、课时、授课时间等具体安排，以方便教师参考使用。如"小镇寻根"研学课程，主要分为"红之年、绿之果、橙之味、蓝之湖"四大主题,每一主题分为四个单元,供三至六年级学生学习使用,其中三年级研学"红之年"主题,四年级研学"绿之果"主题,五年级研学"橙之味"主题,六年级研学"蓝之湖"主题,每个学期开设10个课时,一学年共计20课时。具体如图3-3所示。

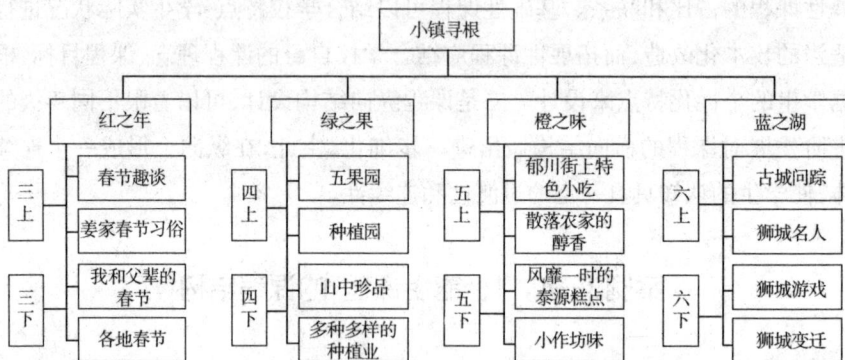

图3-3 "小镇寻根"研学课程的纵向结构设计

五、课程内容

课程内容是根据特定的教育价值观以及相应的学校课程目标所选择的学生学习内容,简单地说,课程内容主要解决"学生学什么"和"教师教什么"的问题。课程内容是实现学校课程目标的手段,内容选择要基于课程目标和学生经验,要适合学生发展特征、贴近社会生活、顾及基础性和全面性,内容组织要体现连续性、顺序性、整合性、进阶性等特点。在设计上,要注意区分"主题、内容、活动"三个概念的区别,主题是贯穿不同年级段的一个学习大概念,而内容是对主题进行并列或递进的细化小主题,活动是将学习的内容进行可操作化、动态处理的更小的单位。

案例3—5 "小能手课程"的课程内容

在"小能手课程"的主体模块"生活小能手课程"设计上,设计者就着眼

"漂亮自我、整洁的家、科学饮食、安全出行"四大主题设计了具体的课时内容，满足学生的学习需求，帮助教师明晰了课程的教学内容。具体见表3-1。

表3-1 宿舍练兵课程的主要内容

课程主题	涉及内容	主要活动	学习对象及课时安排
漂亮自我	1.做一个外表整洁的小孩；2.拥有良好的起居习惯；3.时刻保持勤俭的品格；4.主动关心自己的同伴；5.做一个自信的自己	竞赛活动、体验活动、角色扮演活动	
整洁的家	1.学会内务整理；2.做一天值日生；3.践行"七一"行为；4.做一个心灵整洁的成员；5.装扮小城堡	调查活动、体验活动、小实践活动、竞赛活动	1—6年级学生，每学期10课时
科学饮食	1.零食的选择与食用；2.拥有良好的膳食习惯；3.懂得平衡膳食十条规则；4.做好饮食卫生工作；5.十大垃圾食品与十大健康食品	调查活动、海报制作活动、实验活动、体验活动	
安全出行	1.找找自己的不安全行为；2.寝室、走廊、卫生间安全；3.做一些安全的宿舍游戏；4.做一个文明的就餐者；5.做一个安全的引导员	调查活动、体验活动、角色扮演活动、宣传活动	

六、课程实施

课程实施是根据课程目标，具体落实课程内容的过程，学校应在一定程度上具体明晰教师实施课程的各项要求和准则。设计上，一是对课程实施的时间做出整体规划，可综合考虑学校学习、课外学习等时间；二是对课程实施的学习方式做出思考，尽可能结合现代学习理念来设计实施路径和方法，促进学生优质发展；三是对课程实施的策略做出架构，可从"活动设计、手册运用、教学基地安排、网络空间运用"等维度来设计。在课程实施设计上可以

"建议"阐述课程实施的原则、步骤、载体、策略等,供一线教师参考使用。

案例3—6 "小能手课程"的课程实施

"小能手课程"实施中,着眼于时空、方式、策略三个层面做出了设计,为教师提供了明晰的课程实施建议。

1.时空——"四课"推进:常态课、专题课、社团课、边角课。其中常态课是指基础课课程表规定开设的课;专题课是一种长周期课程,学生在学习中常常会围绕某个主题,历时个把月时间完成学习的课程;社团课主要是指学校利用周五、周六、周日安排的活动课程等;边角课是利用国旗下讲话时间和住校生早晚的起床、就寝等边边角角时间实施的课程。

2.方式——"四学"为主:伙伴共学、站点轮转、项目引领、智慧跟进。其中伙伴共学是在共同愿景驱动下,2—8个同学自愿组合在一起,相互诊断各自的学习状态,并根据成员优劣设计共同成长的方案,通过互帮互学提升学习力的一种学习方式。站点轮转是指学生围绕教师开设的学习内容走班学习的一种方式。项目引领是学生选择主题后,开展长周期的学习、探究或研究活动,创造相应作品的过程。智慧跟进是指学生的学习机制是双线的,即线上线下相融合。

3.策略——"四景"辅助:活动、手册、基地、云端。为了确保"小能手课程"的有效实施,在执行课程的过程中应做到"设计丰富的学习活动、提供可操作的活动手册、建立更广泛的学习基地、建设易互动的云端资源"等,从而引领学生在基础课程和特色课程学习中学习路径更明确、学习指向更清晰、学习情境更丰富,从而最大限度地激发学生的学习自觉。

七、课程评价

课程评价的内容一般包括教师执行课程情况的评价、学生发展的评价以及对本方案的评价三个方面。在课程方案制订中,可以紧紧围绕"学生的发

展性评价"做重点阐述,遵循"显性的和隐性的、长效的和短效的、预期的和非预期的"层面展开。

案例3—7 "小能手课程"的课程评价

"小能手课程"的评价设计上遵循了"重过程、重表现、重发展"的基本原则,并充分考虑学生的心理特点,结合现代评价理念,落实了"争章评价、点赞评价、晋级评价"三大评价方式,极大地激发了学生的学习积极性,确保学生在课程实施中达成既定目标。通过奖励"学习小能手、生活小能手、研学小能手、才艺小能手"等印章激发学生主动学习;通过同学之间的点赞评价激活学生的学习动力;通过"成果本、兑换屋、名人墙"三个直观、有趣的晋级平台,将直观物品刺激和精神需求满足同轨并进,极大地激发了学生的学习激情。

八、课程管理和保障

课程管理是指对学校课程编制、课程实施和课程评价等做出过程性监控、调节,包括课程表的制定、课程时间的安排、课程资源(环境)的管理、课程评价的落实和质量的监控、课程教学的研修等诸多内容。在设计中要分工到位、明确到人,注意收集课程推进过程中出现的问题,不定期开展课程研讨。

总之,一份好的课程实施方案在编制过程中要秉持整体性原则来设计,否则容易变得支离破碎。在设计中,一定要将课程背景作为其他诸要素展开的基础,努力实现课程目标和课程结构的一致性,关注课程结构的横向和纵向设计,落实基础课程和特色课程的互动关系。

作者:章荣华

杭州市淳安县姜家镇中心小学

第 4 问
乡村学校特色课程的设计思路怎样确定?

　　　　特色课程是一所学校对办学理念深度践行的结果,是满足学生个性化成长需求的重要课程类型,它的建设为促进课程建设走向"个性化"、走向"选择性"开创一条路径。但在实际执行过程中,设计者往往会将特色课程与办学特色、特色活动相混淆,有些学校管理者将办学特色当作特色课程,以致执行过程中学生主体地位缺失,而有的执行者又将特色活动定位成特色课程,以致课程执行中出现随意性。特色课程到底是什么? 它与办学特色、特色活动到底有怎样的联系和区别? 我们应该怎样来开发和设计学校的特色课程? 这些问题的解决有助于学校特色课程的孕育。

　　特色课程是指在学校办学理念和育人目标的指引下,以满足学生发展需求为核心,借助学校自身的历史传统与优势资源构建的具有影响力的课程体系。

　　特色课程与办校特色、特色活动之间有着密切的联系,但又有区别。特色课程能集中反映和体现学校的办学特色,但又不完全等同于学校的特色,学校特色课程是学校特色的一部分。在办学特色思想理念的指导下,学校要善于将教育实践经验转化为课程,提炼、总结特色课程开发和实践的思想及成果,逐渐形成特色课程。因此,特色课程是办学特色的下位概念,特色课程的规划与发展是在办学特色的框架下指导进行的。而特色活动是学校开发和形成的课程体系中内容的独特教育活动,这一个个具体的特色活动组成活动体系,往往在课程目标、内容、实施形式和评价方式等课程要素上形成了相对稳定的系统,具有一定的完整性。

因此,办学特色中可以衍生出特色课程,而特色活动则可以升级为特色课程。操作中,可以立足于它们彼此水乳交融、盘根错节、共生发展的关系,着眼于"学生特长发展、教师教学优势、地域特色资源、学校传统活动、学科核心素养培育"五大维度设计特色课程。具体如图4-1所示。

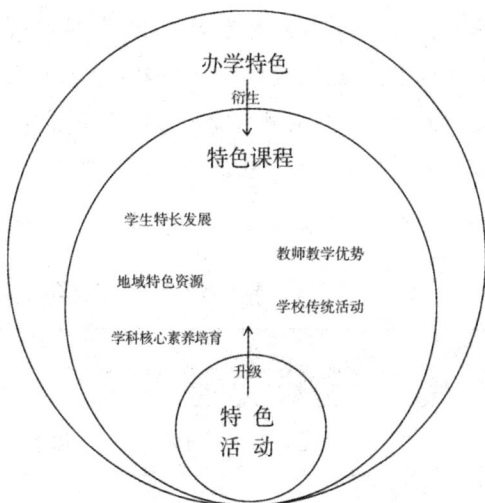

图4-1　学校特色课程设计的基本思路

一、将学生特长发展升级为特色课程

乡村学校特色课程的建设与发展是多种因素促成的,但都不能忘记其初心——尊重学生发展。学生课程经历是学生学习某一门课程的任务性、程序性、规约性的成长经历,它是课程设计的重要内容。为此,乡村学校的特色课程应该尊重学生的课程履历,不仅要关注孩子的兴趣、原有的知识和技能,还要关注学生的非智力因素,如自信、意志、信念等,关注学生的过程体验,促进儿童的终身发展。

案例4—1　淳安县姜家镇中心小学的"口琴"特色课程

姜家镇中心小学为了丰富留守儿童的校园生活,创造幸福校园,十几年

来非常重视学生的口琴学习。一开始,学校开设了许多学生喜闻乐见的口琴学习活动,随着时间的推移,学校结合乡村学校特点,针对留守儿童的发展需求,在广泛调查的基础上,保留了11个经典的口琴学习活动,并确立为"嘻训、趣赏、悦演、乐创"四大主题,匹配了具体的学习内容,设置了具体的活动时间。就这样,学校既有普及型的口琴学习,也有满足学生个性发展需求、兴趣爱好的专属社团,学校在口琴学习上形成了一定的规模和稳定的运作结构。社团成员曾在亚太地区口琴节比赛中获得了金、银牌奖项。学校就可以将这样一个历经十几年运作的学生口琴学习升级成学校的特色课程。

1.课程内容,具体见表4-1。

表4-1 "口琴"特色课程的内容设置

课程主题	课程内容	实施时间	学习地点	任课教师
嘻训	社团竞技	每周一、周三晚自修	音乐教室	社团负责老师
	晨曲600秒	每天晨读课前10分钟	各自班级	班主任
	晚憩沙龙	每月一次(晚自修)	各自班级	班主任
趣赏	快乐口琴节	每年六一	政府文化会场	少先队辅导员
	新年口琴音乐会	每年元旦	杭州学校	音乐教师
悦演	班级新星PK赛	每周五口琴10分钟	各自班级	班主任
	口琴达人展示会	每学期最后一周	阶梯教室	音乐教师
	班会抒怀	每学期第十三周	各自班级	班主任
	母子同乐	每学期第十五周	各自班级	班主任
乐创	口琴创意赛	每学期第十六周	音乐教室	音乐教师
	口琴伴奏K歌会	每学期第十七周	阶梯教室	音乐教师

2.课程实施：(1)牵手杭州刀茅巷小学。(2)做好教师口琴学习培训。(3)每天的口琴10分钟。(4)每周的课间展示课。(5)每学期大师指导课。(6)每年的学校口琴节。(7)应邀外出表演。(8)参加亚太国际口琴节比赛。

二、深度挖掘地域资源建构特色课程

特色课程的逻辑起点应该是地方特色文化。乡村学校具有丰富的乡土资源(自然资源、红色资源、传统文化资源、历史文化资源、先进文化资源)，而这独具特色的乡土资源正是学校特色课程的重要来源地。为此，在乡村学校特色课程资源的开发和利用中，应该放宽眼界，将乡土资源引入学校场域并融入基础课程和拓展课程中，从而发展成为特色课程，为学校育人目标的落实创设更接地气的育人资源。

案例4—2　淳安县浪川乡中心小学的"蚕·桑·人"特色课程

淳安县浪川乡中心小学为了培育具备"勤劳"品质的蚕桑学子，充分挖掘当地"蚕桑文化"，并将当地的"蚕桑文化"作为教育资源引入学校课程，从而建构了学校"蚕·桑·人"特色课程，该课程分为"蚕桑史"学习站、"蚕桑人"体验站、"蚕桑事"工坊站三大主题，每一主题分别切分为相应的三个小主题，其中，"蚕桑史"学习站包括蚕桑畅咏、笔下勤蚕、蚕宝剧场；"蚕桑事"工坊站包括蚕意小画家、手工小达人、编织小巧手；"蚕桑人"体验站包括桑园小农夫、农场小蚕农、农家小助手。学校希望学生在乡土情怀的伴随中，在全情景的融合中，在多种体验的混合中，耳濡目染地感受当地农民勤劳的品质，并将这一品质传承与发展，融于血脉，成于品质。具体如图4-2所示。

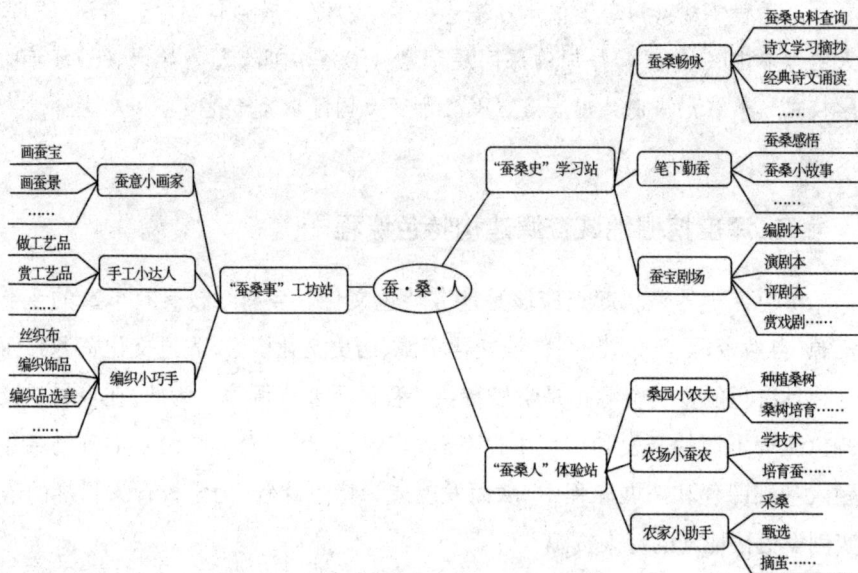

图4-2 "蚕·桑·人"特色课程的结构设计

三、充分挖掘师资的优势促成特色课程

古人云：读书，可读有字之书，亦可读无字之书，两书皆学问。其实让学生来读懂教师是一种重要的学习方式，而教师是一种重要的课程资源，如果学校有教师在某些方面有特长或者学问深厚，就可让教师基于自身优势开发特色课程，从而满足学生个性化的学习需求。教师的这种优势往往表现在某种技能上，如书法、足球、武术、钢琴等领域。

案例4—3 淳安县中洲镇中心小学的"英雄少年"特色课程

淳安县中洲镇中心小学为了实现"扬红色风帆，追精神梦想——让每个孩子学得出彩"的办学理念，充分挖掘教师优势开发学校特色课程，其中"英雄少年"课程就是基于学校教师的优势开发和设计的一门课程。该校有一位毕业于大专院校，对武术、列队行礼很有造诣的体育教师，学校领导就和他商量,通过发挥其自身优势来带动乡村小学的学生能形成"站如松、坐如钟"的优良品行。该校体育教师积极发挥自身特长,带领学生排练各种武术操,逐步完善了"英雄少年"课程。该课程具体包括"武术少年、风采少年、安全少年、长征少年"四大主题,其中,武术少年主要学习一套武术操;风采少年主要学习各种列队方式;安全少年主要学习体育活动中的各种安全知识,懂得出行的安全行为;长征少年主要开展一些毅行活动,锻炼学生的坚毅品性。这门课程将武术学习与体育学习相融合,将毅力教育与体育教学相整合,将品行教育与体育活动相渗透,培育了一批有精气神的农村娃。

四、立足学校传统活动改造特色课程

特色课程是在学校特色的教育哲学下构建而成的,是学校优势发展过程中所形成的一种集体的文化意识,其中,它的存在形式通常与地域文化、学校文化、师生文化等深度融合。学校的传统活动是承载学校的资源优势和办学特色的重要载体。因此,特色课程的建设可以立足学校传统活动而发展与深化。设计者可以将学校多年来坚守的传统校园活动用课程思维来架构,促进学校传统活动项目进一步发展。

案例4—4 姜家镇龙泉完小的"传统活动"特色课程

姜家镇龙泉完小是一所小规模学校,该校在传统庆典活动、文化艺术节活动、主题教育活动、社会实践活动等方面坚守已久,逐步成为学校经典的传统活动。为了让传统活动焕发新的育人活动,克服活动中的形式化、模式化倾向,进一步凸显活动中学生的主体地位,该校管理者就立足"顽学、玩学、完学"的办学理念整合传统活动,将其改造成了学校特色课程,进一步激活了活动育人的活力。具体课程与活动见表4-2。

表4-2　"传统活动"特色课程的设计

课程主题	活动设计
传统庆典课程	我的毕业典礼我设计;欢庆六一儿童节;传统节日的研究
文化艺术节课程	艺术节活动(我是小小艺术家、挑战双语主持人擂台);体育节活动(班级趣味运动会的组织与策划、我的健身计划、运动健康研究);科技节活动(我身边的小发明、多功能课桌椅的设计与制作);读书节活动(图书漂流创意活动、经典诗歌朗诵会)
主题教育课程	环保教育活动(低碳达人、水污染研究;PM2.5的测量与研究);安全教育活动(地震的危害与预防、校园安全你我他、交通安全问题研究、安全知识小擂台);禁毒教育活动(毒品的危害、远离毒品社区宣传活动);心理健康教育活动(学生心理健康现状调查、做自信的我;做情绪管理的主人)
社会实践课程	社会体验类活动(石塘人文体验、狮城风貌体验);参观考察类活动(蚕桑驿站考察、五果园考察);社会服务类活动(乡村益行、文化宣传)

五、着眼学科核心素养培育特色课程

如今,中国基础教育改革已经迈入核心素养培育的新时代,学生的核心素养究竟该如何落地,将是新时代育人的目标要解决和落实的关键问题,要破解这一问题,除了学校变革育人模式、学习方式外,更重要的一点是要建立新的课程体系,以适应学生核心素养的培育。因此,学校可以着眼于学科核心素养达成的目标来设计学校特色课程。

案例4—5　淳安县姜家镇中心小学的特色课程——"边角课"

淳安县姜家镇中心小学科学组为了培育学生的科学精神,在开齐开足国家《科学》课程的基础上,开设了学科拓展特色课程"边角课",该课程立足"我探究故我在"教育哲学,以"争当小科学家"为主要育人目标,以"项目化学习、智慧化学习"等现代化学习理念为指导,按照学生能力、素养进阶培育的原则,着眼"问题解决、实验、创见、系统分析"四种高阶认知策略的运用架构了"屏风博物、走廊研究、校园STEM、角落探索"四大项目,课程在设计充分考虑到小学生在确定研究主题、设计驱动性问题上存在一定的困

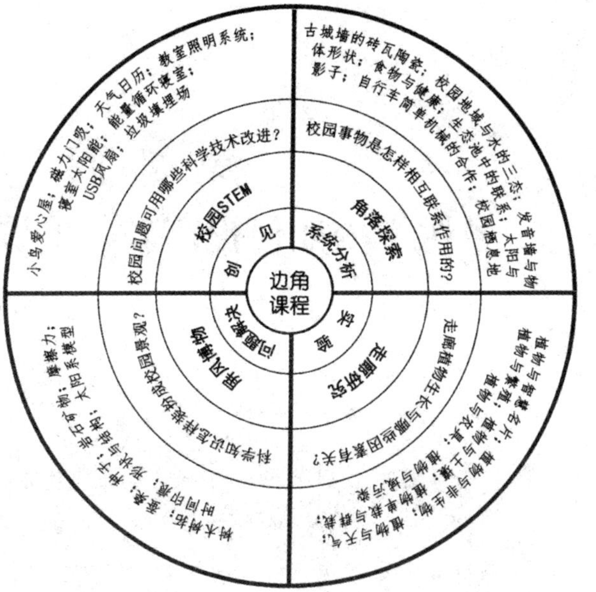

图4-3　"边角课"特色课程的内容设置

难,架构了"科学知识怎样装扮成校园景观? 走廊植物生长与哪些因素有关? 校园问题可用哪些科学技术改进? 校园事物是怎样相互联系作用的?"四大核心问题,并基于3—6年级学生的学习水准确立了"探索+,博物+,研究+,STEM+"为系列的32个选题指南,确保学生每个学期能自主展开科学实践学习。具体课程内容见图4-3。

　　总之,特色课程的建设不是一蹴而就的,它是一门或一群课程持续发展,并被师生认可的长周期过程,它的形成乃至走向成熟需要时间的积累和沉淀,它的建设与发展需要以理论为指导,以实践为根基。

作者:章荣华

杭州市淳安县姜家镇中心小学

第 5 问
乡村学校如何提高教师的课程执行力?

课程专家古德莱德认为课程有五种类型,即理想的课程、正式的课程、领悟的课程、运作的课程及经验的课程。课程实施的效果与教师执行力的优劣有密切关系,原因在于教师的课程执行活动是在对国家正式课程充分领悟的前提下,对其进行再加工、再实施的过程。通过调研发现,一线教师在执行课程中存在着三大问题,一是非常传统的执行课程,76.8%的教师采用"听讲"的方式指导学生学习课程,学生课堂最频繁的行为是读与抄。二是照本宣科的执行课程,对于82.4%的新教师来说,课程的执行停留在正式课程层面,即使有17.6%的新教师对课程有自己的领悟,但均表现出浅层次。三是零起点的执行课程,90%多的学校不注重课程资源的建设,校本优秀的课程经验传承不足,造成每年新入职教师几乎从零开始进行课程教学。如此看来,如何提升乡村教师的课程执行力仍是当下提升课程质量要破解的重要问题之一。

教师课程执行力是指教师在课程目标、课程标准指引下,在课程实施过程中,通过自身努力,充分利用学校内外部条件,实现课程目标的达成能力。主要包括五种能力,即课程理解能力、课程开发能力、课程设计能力、课程实施能力、课程评价能力。其中,课程理解能力是教师课程执行力必备的首要能力,它主要包括教师对课程理念、课程标准、课程目标以及课程内容的理解。课程开发能力是指向教师对于教材的二次开发能力。课程设计能力是教师必备的课程执行素质之一,它能够为开展教学活动提供有效的行动引领。教师课程执行力很重要的一点就体现在其课程实施能力的高低上,主要包括"课堂组织管理能力、使用现代信息技术的能力、运用教学艺术的能力"。课程评价既是教师课程执行活动的归宿,也是教师继续开展新课程活动的出发点,更是教师课程执行活动的重要内容,它贯穿于课程开展的整个过程,并对课程改革效果进行最后的判定。

当然,教师课程执行力的提升并不是一件能速成的事,教师需要树立课程意识,需要做好作业设计,需要迭代课程资源,需要落实教学研修。能以研究的视角审视课程执行工作,在工作中积累,在积累中反思,在反思中改进,全面提升课程执行能力,实现从"教教材"走向"用教材教"的新跨越。具体操作如图5-1所示。

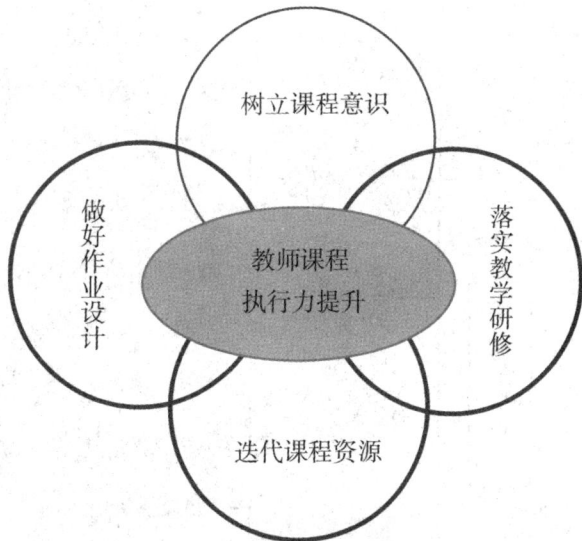

图5-1 教师课程执行力提升示意图

一、树立"用教材教"的课程意识,让课程开发和创生融汇在教师观念中

一直以来,教师们在多年的集中统一的课程管理机制和分科教学的体制中,习惯于被动地接受和在既定教学内容的框架内展开教学,课程开发和创生意识普遍缺乏。事实上,正视课程执行过程是一个充满交互性的过程,同

一内容,执行的效果会因学生的个体差异、环境变化、交往性发展状况而存在很大差别。如果只是照本宣科地教学课程内容,学习效果往往不尽如人意。因此,教学好一门课程,需要教师树立"用教材教"的课程意识,需要站在学生角度、立足动态环境来执行课程,树立全面的课程创生意识观,着眼"目标意识、学生意识、结构意识、生成意识、资源意识、反馈意识"六大方面改进、整合、创生教育资源与方法,让死的课程经过教师的内在加工,成为有生命的"活"课程。具体见图5-2。

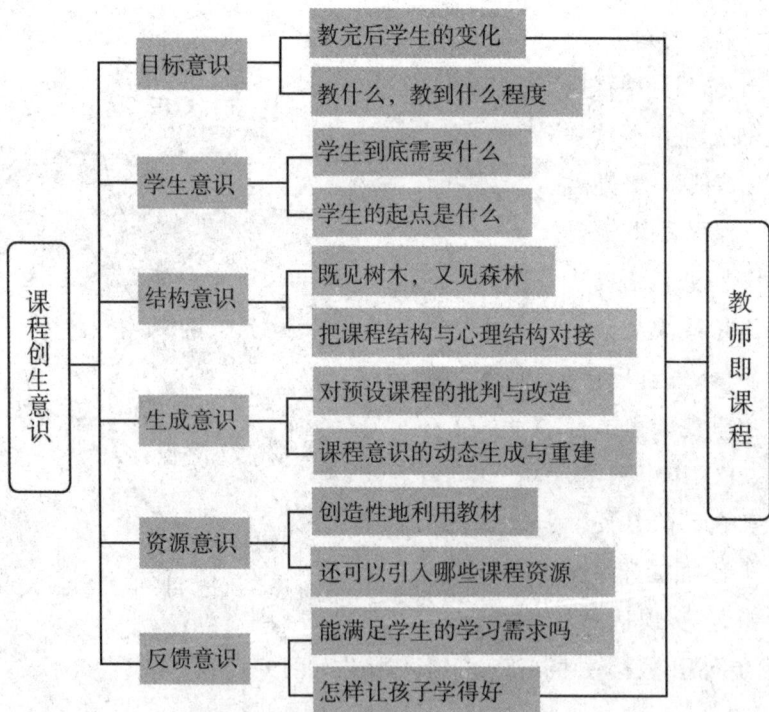

图5-2 教师课程创生意识的内容①

———————

① 万伟.课程的力量——学校课程规划、设计与实施[M].上海:华东师范大学出版社,2017.

在上述课程创生意识中,最难达成的意识是"一切回归学生发展的意识、生成意识、反馈意识"。特别是刚入职的新教师,很容易把自己作为课程实施的中心,重视文本解读,但忽略动态、变化的学生,以致很多老师经常说:"我已经教得很到位了,但学生就是学不会。"要学生学会,就要树立以学生为中心的课程意识观,注重课堂中资源与人的交互,人与人的交互,教师要能在动态生成中敏锐地洞察到学生对课程内容的反应,从而调整教学进度、取舍教学内容来满足学生学习的需求。

二、做好"学习单、学习指南"等作业的设计,让课程活化为师生心中的图谱

将课程文本转变为作业是提升教师课程执行力的关键。课程文本是一个读本,文本中所包含的知识、概念,内含的能力、过程与方法,学科核心素养等都需要练习才能转化为学生生命个体的一部分。因此,作业的编制以及基于作业的学习过程设计优劣是衡量一个教师课程执行能力的重要载体。在实际操作中,比较有实效的"作业"形式一般有"学习单、学习指南"两种。

1.做好课程文本向学习单的转变。学习单是课程重、难点内容的捕捉,是课程执行中核心内容的课堂演绎,它的设计能促进教师把握教学的重点、难点、盲点、考点。在设计上,要遵循"将文字指引与图片表征相结合;将要点示范与内容探究相结合;将学法指导与自我评价相结合;将表达形式与探究内容相统一"的基本原则。

案例5—1　淳安县姜家镇中心小学在"阅读场"学科特色课程中的学习单设计模板

学校为了进一步提升学生的阅读水平,结合语文课程开设了系列"阅读场"课程,在课程执行中,任课教师开发了大量学习单来支撑学生学习。具体见绘本阅读《我爸爸》中的学习单,这一学习单紧紧围绕学习人物描写的方法重点展开,学习单的设计和使用实现了"知识本位"到习作能力的有效转化。

绘本习作之《我爸爸》学习单		
班级:	学号:	姓名:

一、我想说说我的发现

爸爸　　　大野狼

爸爸		大野狼
表情: 衣着: 动作:		表情: 衣着: 动作:

二、我来猜想

故事一	起因
故事二	⇩ 经过
……	⇩ 结果

三、观察图片,请同学们展开合理想象写一篇作文,主题鲜明,故事完整,人物鲜活。(至少三处运用人物描写的方法)

2.做好课程文本向学习指南的转变。学习指南具体包括"学习导语、学习流程、学习活动、学习记录单、资料袋"五部分,指南将共学流程巧妙地融入结构化的活动中,实现了多元发展目标。它的设计强化了对学生主体地位、认知特点、学习方法的关注,促进教师从师为中心转向生为中心。

案例5—2　淳安县姜家镇中心小学"小镇寻根"
特色课程实践指南设计范例

寻访身边的优秀传统文化实践指南

导语:略　　　　学习流程:略

(1)制作一份调查资料图文集。首先,向家长、村里的长辈询问、调查家乡春节的风俗,记下名称(记录表略)。其次,利用照相机、手机拍下照片,并记录拍照的时间、地点,简要介绍照片中的人和事。

(2)详细记录其中一个风俗。

1.现在我们可以参照伙伴们调查"跳竹马"活动的计划来设计一份自己团队学习计划。				2.打开下一页,找到自己需要完成的任务,并开始行动。	
"跳竹马"民俗调查计划表					
民俗:跳竹马		团队:风风火火团队		用手机拍摄一段视频或照片	记录民俗调查的经过与结果
角色	姓名	主要任务	完成时间		
学长	小雪	记录经过	2.26		
伙伴1	小夕	收集故事	2.28	用电脑查民俗的相关资料	记录爷爷讲的民俗故事
伙伴2	小黄	拍照	2.20		
伙伴3	小佐	查资料	2.26	用PPT形式呈现民俗寻访的过程和结果	
伙伴4	小荷	汇报	3.02		

(3)小组合作一份民俗寻访的宣传单,并发布在360云盘上,也可以制作一些民俗寻访的表演体验。其中宣传单的内容包括"寻访主题、计划(小队成员及分工情况介绍)、寻访基本情况、寻访过程(以图文并茂的形式展现)、寻访心得2篇"。

资料袋:略。

三、不断收集和整理课程资源,在迭代管理习惯建立中提升课程开发能力

教师资源管理能力的提升是课程执行力提升的根本,因此,学校要建立资源运用的管理制度和保障机制。对于纷繁复杂的资源,学校可以采用以下方法来促进教师提升整理、运用能力。一是采用资源列表法来厘清资源内容。通常可采用电子文档的方式,用文件夹的目录清单厘清资料之间的所属关系,要么并列呈现,要么递进呈现。二是建立配套资源使用的要求及制度。学校可根据教师发展层次,比如"新进教师、职初教师、成熟教师、骨干教师"等层级提出资源收集与运用的建议,并建立资源出借归还制度、定期整理制度、专人保管制度、共同建构制度、定期更新制度等,以保障各类资源库的建设与使用。

除了纵向地记录教师成长资料,横向地建立教师成长梯度资源库以外,还可以利用教师的能力差异建立教师合作同胞体,由一名骨干教师、一名成熟教师与两名新进教师组成,在共同愿景的指引下,将教学管理、教学研究、教师培训等方面连为一体,在扎实的"教、研、修"中,形成教学执行能力的接力和教学"瓶颈"的突破。

四、深度开展基于课例的教学研修活动,促进教师全方位提升课程执行力

基于"教学常规落实、教学内容解读、教学方法优化、教学疑难破解"的内容展开课例研修是教师课程执行力提升的重要法宝,因为对于学生来说,运作的课程才是真实的课程,才是与生命交融的课程。而课程在运作中,影响实施质量的重要因素是教师教学常规管理能否到位,教学内容的理解和认同是否深刻,教学方法的选择与儿童立场是否适切,教学疑难的把握和破解是否有效。因此展开基于团队的课例研修对于提升教师的课堂执行力是非常重要的。课例研修的机制方式有很多,比如主题式磨课、案例开发、优质课赛课等,这些方式对于提升教师的课程执行力都起着重要的作用。

案例5—3　淳安县姜家镇中心小学的
"淘课·教课·研课"研修制度

　　该校地处农村,近年来学校教师更换很快,学校教师平均年龄在35岁左右,85%的教师系近三年毕业的老师,课程执行中"照本宣科"现象非常严重。为了提升该校教师的课程执行力,学校建立了"淘课·教课·研课"融为一体的教师迭代研修机制(见图5-3),试图通过构建"1+1"形式的研修组织,融"读做思写"为一体的研修方式,展开课例研修,从而促进教师在淘课中叠加他人经验(通过采用"一对一"淘课的形式,常听他人的课堂,多收集他人的教学精华,不断累加他人教学经验);在教课中迭代他人经验(学习他人经验之后,学会运用经验,并将他人的经验运用到自己的课堂中去,反复实行,逐步提取和融合他人经验);在研课中嬗变成就自己(新入职教师经过淘课、教课,将他人经验与自身特点融为一体,成为自己的一套教学

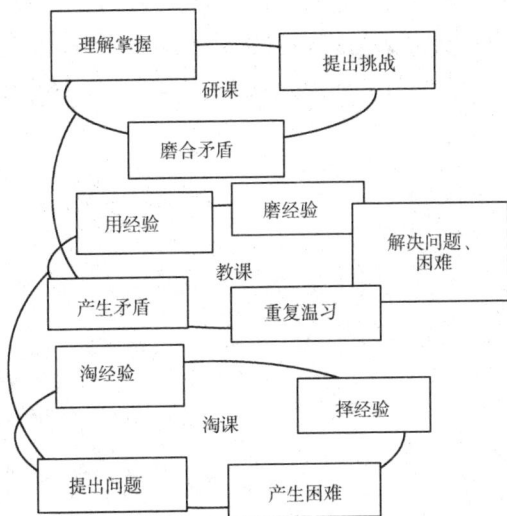

图5-3　"淘课·教课·研课"迭代研修

手段,最终使教师自身的能力值增加。在成长过程中,树立教师的自信心,找到教书育人的乐趣,工作状态从被动变为主动,从职场中的初生牛犊完美地蜕变成教育新星)。正是这种基于课例的研修,能将"教学常规落实、教学内容解读、教学方法优化、教学疑难破解"融为一体进行思考和实践,因此该校青年教师的课程执行力提升迅猛。

　　总之,提升教师个人课程执行力的主要途径有个人研修、校本培训、课题研究、教研活动等。学校要营造平等、民主、合作的氛围,给予教师参与课程执行的权利。要制定能促进教师积极参与课程开发、执行的激励机制,提供必要的课程资源和学习培训的机会,鼓励教师转型,发掘培养自身特长。要鼓励教师在课程实施过程中学习先进的课程理论和相关的教育理论,更新课程观念,提高教学技能。要帮助教师养成乐于思考、勇于提出设想和建议的工作态度与习惯,在课程建设实践中提升课程开发能力。要整合社会教育力量,帮助教师挖掘校外课程资源。同时研修中要充分发挥教师团队的优势,以团队开发为主,教师个人开发为辅。学校要从整体课程规划出发,落实课程开发的管理,把课程开发、执行与师资培养有机地结合起来。

作者:章荣华

杭州市淳安县姜家镇中心小学

第二编　校本课程的开发

第 ❻ 问
乡土特色校本德育课程如何开发?

　　校本课程是国家基础教育课程体系的重要组成部分,是根据国家、地方、学校三级课程管理要求结合学校教育资源、办学特色等要求开发的学校特色课程。《浙江省教育厅关于深化义务教育课程改革的指导意见》指出拓展性课程要体现地域和学校特色。乡土特色校本德育课程就是学校基于国家德育课程标准,立足于乡土地方特色资源编写的德育课程。那么,农村中小学如何开发乡土特色校本德育课程? 哪些乡土特色是可以被我们纳入学校德育课程的呢? 乡土特色校本德育课程的目标是什么? 如何设计乡土特色校本德育课程结构? 这些都是农村中小学校开发乡土特色校本德育课程亟待解决的问题。

　　开发乡土特色校本德育课程,首先要明确什么是乡土特色校本德育课程。从字面上来说,乡土特色校本德育课程可以分为两个词语,一个叫作乡土特色,一个叫作校本德育课程。校本德育课程是校本化的,有别于国家统编的德育课程,每一所学校都有着自己独特的充满个性的德育课程,是基础性德育课程(包含国家课程、地方课程和校本课程)的重要组成部分;乡土特色是有别于城市的,立足于乡土地方的特色资源,具有强烈的地方特点或地域特色。

一、乡土特色校本德育课程开发价值

校本德育课程是国家德育课程的有益补充,从某种程度上解决了国家德育课程固定化、模式化的弊端,具有国家德育课程所不具有的因地制宜、灵活机动的特点。校本德育课程是学校自行设计与开发的课程,学校的教师拥有课程开发的自主权,能根据学校所处的地域和环境进行创造与创新,在一定程度上可以解决课程理想化、德育空洞化、德育说教化的弊端,有利于课程向均衡性、综合性、选择性方向发展,使农村中小学德育与时俱进。校本德育课程的开发有利于全面落实党的教育方针,非常有利于学校办出特色,打造一校一品的品牌建设。近年来,具有区域特色的学校课程研究越来越广泛,越来越受到农村中小学的欢迎。"基于地域文化的农村初中研学旅行项目的设计与实践""基于'子胥文化'的初中育人特色项目的设计与实施""播撒家乡的种子:基于乡土资源的幼儿园'野趣园'活动设计与实施研究""慈岩小镇:体验式微型课程群的构建与实施"等课题都是得益于独特的乡土资源和乡土特色德育课程。校本课程研究,提升了学生素养,提高了教学质量,打响了学校的知名度。

二、乡土特色校本德育课程开发原则

乡土特色校本德育课程的开发首先要彰显乡土特色、突出课程的人文性和趣味性,又要做到与区域相结合、与生活相结合、与师生共同发展相结合。因此应掌握以下几个原则。

1.以人为本原则

为了落实教育立德树人的根本任务,乡土特色校本德育课程开发的目的应着眼于促进学生品德素质的发展,尤其是农村孩子。现在的农村孩子不识农情,不具农味,不干农事,乡土特色校本德育课程要培养学生具有正确的世界观、人生观、价值观,掌握观察、思考、分析问题和解决问题的能力,培养科学探究与创新精神,而且要引导学生关注家乡的发展,关心国家的生存和进步,帮助学生认识社会的发展及社会发展中出现的各种现象。

2.趣味性原则

儿童没有成人的思维,他们天真烂漫、纯洁无邪、无忧无虑,对新鲜的事物充满兴趣、好奇,因此乡土特色校本德育课程的开发应顺应儿童的情感与意趣,要把知识性和趣味性融为一体。兴趣是最好的老师,有趣味的课程才是孩子们愿意学、愿意动的课程,德育讲究润物无声,不能追求形式化的德育,否则只能适得其反。

3.实践性原则

乡土特色校本德育课程的开发倡导学生的主动参与,以学生参与、探究为主线,具有很强的实践性和探索性。学生走出课堂、走向基地、走向生活、走向社会,开展活动,做到教、学、做结合,增加感情交流与切身体验,加深对道德认知的理解。学生在探究乡土文化的实践活动中,通过观察、调查资料查找等活动,取得对事物的亲身体验,掌握从不同角度观察、思考问题的办法,在活动中发挥创新能力,从而促进学生道德的自我提升,良好品格的培养。

4.可行性原则

由于乡土文化资源众多,良莠不齐,提取课程资源的途径也不同,在开发和利用乡土文化的资源时,必须坚持可行性和有效性原则,能真正落实学生的道德认知,能启动学生的真情实感,能提高学生对生活、对社会认识的能力,能利于师生在教学活动中共同发展。无论是素材性课程资源或者条件性课程资源的开发和利用,都必须符合德育的特点。乡土特色校本德育课程的开发在教材内容的选择范围上还要具有可操作性,要面向全体学生,充分考虑学生的年龄、能力特点以及学生的个体差异和兴趣爱好的区别,能够适应学生个性发展,激发学生的智力和非智力因素。

三、乡土特色校本德育课程开发流程

乡土特色校本德育课程如何开发呢?这需要校长和带领全校师生从周边环境分析开始做起,要对学校所处的乡土教育资源、人力、物力等各种因素进行综合分析,确定适合本校特色的乡土特色校本德育课程,其开发流程如图6-1所示。

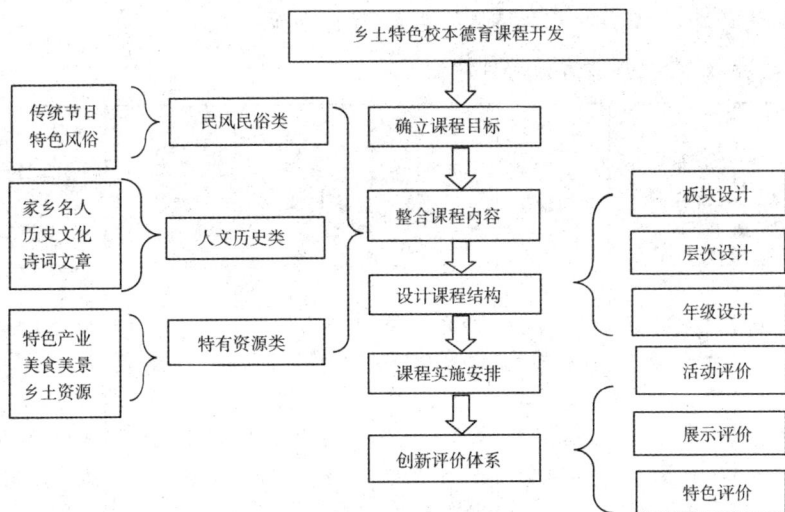

图6-1 乡土特色校本德育课程开发流程

(一)确立课程目标

2014年,教育部《关于全面深化课程改革落实立德树人根本任务的意见》明确了德育课程应以学生的全面发展为核心,着眼于"立德树人"的根本教育任务,构建起学生品质和能力培养的育人体系,开展德育实践活动,提高学生德育认识。乡土特色校本德育课程旨在拓展农村德育的渠道,有效开发和利用地方教育资源,切实提高学校德育工作的实效,增强学生对本土文化的认同,进一步激发学生对家乡的热爱和作为主人翁的自豪感、责任感。培养具有乡土特质的儿童,要从认识、情感、心理、技能等方面制定切合实际的、利于学生发展的目标,促进全面发展。

案例6—1 大慈岩中心小学"童眼看古村"

建德市大慈岩中心小学的"童眼看古村"德育课程的目标:

总目标:通过了解历史、品尝美食、欣赏风景、探秘民俗、探寻建筑、寻访民粹,增强对本土文化的认同,进一步激发对家乡的热爱和作为主人翁的自豪感、责任感,培养具有慈岩特质的儿童,促进全面发展。

各年级、各主题德育活动目标如下:

年级 \ 目标 \ 主题	古村历史	古村美食	古村风景	古村民俗	古村建筑	古村民粹
一年级	初步了解李村、新叶等古村的位置变迁、布局等,感受家乡的悠久历史	初步了解古村的美食概况,感受家乡的丰盛美食	初步了解古村有哪些景点,各在哪个位置,感受家乡的美	初步了解古村的风俗习惯,各在哪个古村,初步感受不同的地方有不同的风俗	初步了解古村建筑样子,能说出其中几个特点,初步感受家乡的独特	初步了解古村的一些绝活与艺人,初步感受家乡人民的伟大
二年级	寻访古村历史名人,学习名人为家乡努力奋斗的精神	了解水米糕历史食材工具,体验制作过程,感受劳动人民的智慧	欣赏新叶古村美景,参观《爸爸去哪儿》拍摄基地、新叶明古屋	了解家乡的习俗,并能讲讲其中的故事,初步感受独特风俗,尊重家乡的风俗	上网查找古村的古塔、天井、池塘、祠堂等建筑	了解编扫把所需要的材料、历史、作用等,体验扎扫把的不容易
三年级	了解古村的名人故事,激发学生爱家乡的自豪感	了解大曲酒的历史、食材、工具,体验制作过程	欣赏慈岩悬楼,参观双面弥勒大佛、悬崖阁等,感受自然之美,激发热爱家乡之情	探秘新叶"三月三",了解祭奠活动以及历史情况,进一步感受家乡风俗的多样性	了解古村古塔、天井、池塘、祠堂等的故事,感受祖国文化的丰厚	了解木雕的种类、材料、工具等,动手雕刻,初步体会劳动的艰辛

主题目标\年级	古村历史	古村美食	古村风景	古村民俗	古村建筑	古村民粹
四年级	探寻古村的耕读文化,感受古人的努力劳作精神	了解荷花宴的历史、食材、工具,体验制作过程	欣赏十里荷花,观赏荷花,采摘莲蓬、包装莲子,感受家乡人们的智慧	探秘李村"二月二",了解台阁文化、来历、活动以及历史,激发学生努力奋斗,爱国爱家的情感	了解古塔、古井、祠堂、池塘等建筑的布局,体会古村建筑的丰富与独特	了解昆曲的历史、来历,并练唱,体会戏剧的多样性与复杂性,感受祖国文化的灿烂
五年级	探秘古村家风家训,感受古代教育的美好传统	了解其他美食的历史、食材、工具,体验制作过程	欣赏油菜花,看看花朵,闻闻花香画花儿,陶冶情操,更爱生活	收集其他地方的民俗活动,如上吴方的正月二十以及其他习俗	实地参观考察古村的天井、古塔、池塘等,了解建筑的奇特,感受劳动人民的智慧	了解编草鞋所需要的材料、工具、作用以及历史,体会劳动人民的伟大
六年级	收集古村传家宝故事,激发学生珍惜时间,勤奋好学	设计家乡的一个菜谱,为家人做一道好菜,学会孝敬与感恩	为游客设计一张家乡导游图,撰写导游词,并做小导游	利用超轻黏土粘制台阁人物,为家乡的习俗做广告宣传	妙笔绘画,画一画古塔、写一写古塔等	实地体验编草鞋、扎扫把,能比较熟练地唱新叶昆曲,感受劳动的艰辛,珍惜现在的美好生活

(二)整合课程内容

乡土文化中的价值规范、思想观念、人生观、价值观等,是一个地区社会文化的基本内涵,也是道德教化的存在发展。另外,学生生命的发展不在抽象的认知世界,而在富有人性的完整生活世界;学生的品德,作为生命的灵魂和核心,不是教授的结果,不在于道德的知识、行为和技能,而是在日常文化熏陶中形成的,在于心灵的感应。在众多的乡土特色资源中,适用于中小学德育课程的内容大致可以分为以下几种类型。

1. 民风民俗

学校可充分开发和利用本地的民风民俗,例如传统节日和特色风俗,组织学生开展形式多样、丰富多彩的德育实践活动,以切实提高学校德育工作的实效。如建德市大慈岩中心小学利用学校周边丰富的古村资源,进行李村"二月二"、新叶"三月三"祭祖活动探秘,了解家乡的民风民俗,感受家乡民俗的独特与丰富,以增进乡情。

2. 人文历史

学校还可指导学生去了解家乡的历史文化,在认识家乡的名人名胜的过程中,潜移默化地引导他们学习这些人物身上的优秀品质,增加他们的道德认识,指导他们的道德行为。如收集历代名人在家乡留下的诗词文章等,感受家乡的人文内涵,促进对家乡的热爱,培养家国情怀。

3. 特有资源

开发和利用好乡土范围内的美食、美景、产业等特有的地方资源,不断拓展农村小学校德育的内容。带领学生了解家乡的历史变迁和经济发展,发现独具的地域资源,在此过程中让学生亲近家乡、热爱家乡。

案例6—2 萧山八中"航民印染"

萧山八中的"航民印染"课程就是在充分挖掘地方特有资源的基础上,对接学校办学目标,基于农村社会实践活动,能满足师生发展需求的乡土特色校本课程。萧山八中巧妙地利用当地的特色产业资源,与浙江航民有限公司印染分公司合作,采取"流程式"的课程逻辑模式,开发了"航民印染"项目课程群。学生在课程学习中,对家乡的了解越来越深刻,对家乡的热爱之情油然而生,从而实现德育目标。

(三)设计课程结构

乡土特色校本德育课程的结构,就是从学校教育的核心价值出发,使所有的课程内容形成逻辑联系。课程结构一般包括三个方面的基本操作:板块设计、层次设计和年级设计。

1.板块设计

板块设计在一级指标的层面描述了一个学校课程结构的总体框架。在一个学校中,各种课程内容都应该以一种整合的方式、以板块式结构呈现出来。乡土特色校本德育课程结构要以国家课程方案的总体框架为核心,在此基础上进行校本化的整合,凸显出乡土特色,才能有学校的个性特色。

案例6—3　明珠小学"博雅课程"

建德市明珠小学德育课程——博雅课程如下图:

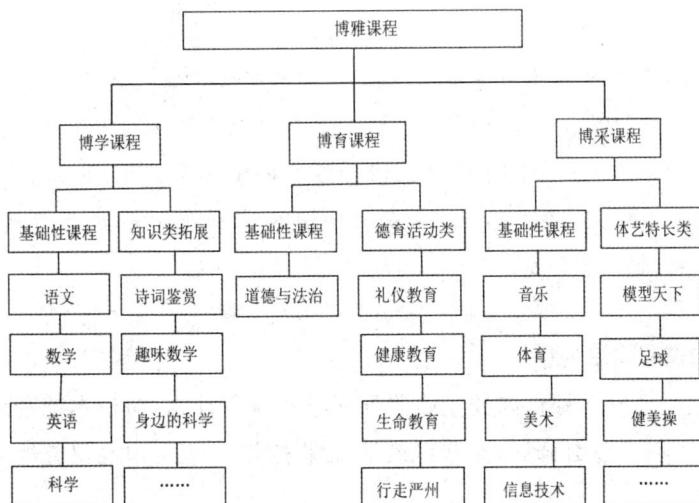

2.层次设计

乡土特色校本德育课程内容本身也应该经过结构化设计,以形成内容展开的"层次"。通常情况下,课程内容包含这样四个层次:板块(或领域、学科群)→科目(或主题)→单元→活动(或课题)。一个领域中总是可以包含无数的主题,同样,一个主题中可以包含无数的单元,以此类推。学校教育的时间是有限的,课程内容也不是无限的,因此,结构化的过程就是在逻辑线路的引导下,学校教育者对课程内容的斟酌、选择、取舍的过程。

3.年级设计

乡土特色校本德育课程要对全校所有年级的课程内容做出统一的安排,对课程内容进行纵向设计。合理的纵向设计可以充分体现学生的年龄特点,防止学生在六年中所经历的课程内容出现重大疏漏或交叉重复,保证这些内容呈现出比较好的梯度关系。

案例6—4　上马小学"竹韵"

建德市上马小学地处建德市唯一的竹乡,竹文化底蕴深厚。立足于寓意深刻、内涵丰富的竹资源,学校开发了"竹韵"校本特色课程,设计了低段学生的"知竹"实践系列校本课程;中段学生的"品竹"实践系列校本课程;高段学生的"喜竹"实践系列校本课程。一、二年级学生从竹的历史与传说、竹的构造、竹的用途、竹的种类与分布、竹的培育与管理等内容入手了解知道竹子;三、四年级学生从竹乐器、竹书画、竹文学、竹制品赏析等内容去品味体会身边的竹文化;五、六年级学生通过诗词绘画创编、竹制品编织、玩具制作、竹雕刻、食品制作等活动激发热爱家乡的竹的情感,培养坚韧不拔、朴实无华、勤劳乐观的品质。

(四)课程实施安排

乡土特色校本德育课程实施要列入学校课程计划,对校本德育课程进行教学,可以通过必修课、选修课或活动课来实施,也可以与研究性学习结合起来。

案例6—5 大慈岩中心小学"童眼看古村"

大慈岩中心小学的"童眼看古村"德育课程三个特色项目对具体内容、时间安排、参与对象等方面都有要求。

特色项目	具体内容	时间安排	参与对象	活动地点
荷田学农	犁田、种藕等	3月	所有学生	荷田
	赏花、采摘、加工、包装	7、8月	所有学生	荷田、乡村
	挖藕、做荷花宴、捏制作品	随机安排	3—6年级	荷田、厨房
昆曲传唱	唱昆曲、学化妆、试伴奏	周五下午	幽幽兰韵学员	昆曲剧场
	展示表演、与成人对戏	随机	幽幽兰韵学员	校外基地
	外出参赛	随机	幽幽兰韵学员	根据安排
	昆曲人偶捏制	周五下午	"信手'粘'来"学员	手工坊
古村探秘	古村历史、古村建筑	5、6月	所有学生	各古村
	古村风景、各村美食	10、11月	所有学生	各古村
	古村风俗、古村民粹	3、4月	所有学生	各古村

根据体验侧重点不同,"童眼看古村"特色德育活动分为参观类、访谈类、调查类、游览类、实践操作类等。

1.参观类

参观李村"二月二"台阁窍、参加庙会、参观"民俗文化馆"和观看新叶"三月三"祭祖活动。

2.访谈类

李村"二月二"有"台阁窍"的习俗,为什么要迎台阁?八组台阁的主题选择有何讲究?为了揭开这些神秘的面纱,学生采访了村中的资深长者。

3.游览类

走进新叶古村,游览明古屋、《爸爸去哪儿》拍摄基地,欣赏白墙黛瓦的徽派建筑(祠堂、天井、马头墙、石板路、过街廊坊、门当户对、精美木雕、塔阁祠组合⋯⋯);漫步"十里荷田",欣赏"接天莲叶无穷碧,映日荷花别样红"的景致⋯⋯

4.实践操作类

向民间老艺人现学现扎扫把、现编草鞋;有序堂的戏曲台上跟着叶金香奶奶学唱新叶昆曲;现场学习水米糕的制作,并亲自体验制作过程;走进农家乐,举办荷花宴。

四、乡土特色校本德育课程评价体系

乡土特色校本德育课程评价,与其他课程一样,也是检验和落实校本课程实施效果的重要一环,重视把实际表现和理论掌握相结合,重在行为评价、发展性评价。

1.以"活动"为载体的评价。学校组织多样的评比活动,展示活动。对照德育内容进行配套评价,可按照学校德育目标分孝道、为学、守法、积善、勤劳、宽容、礼仪等类别,针对这些内容制定德育"××之星"评选细则,每学年表彰一批"孝道之星""勤学之星""礼仪之星""守纪之星""向善之星""勤劳之星"和"宽容之星",特邀全镇"好媳妇""好村民""新乡贤""五好家庭"等代表给孩子们颁奖,并以"××学生"悬挂在校园荣誉展示栏。社会关爱、自我激励,激活校园正能量。

2.以"作品"为载体的评价。学生在主题实践活动以后,所呈现的作品就是评价孩子们活动所得的最好参照,并将这些作品放在各种舞台上展出。

3.以乡土特色为载体的评价。"荷"是当地的特色经济植物,大慈岩中心小学就采用了"荷币"评价,是学校多年来课程采用的评价模式,从小到大分别为"绿荷币""红荷币""金荷币"。注重对学生过程性评价,在一定目标指引下,以"荷币"为激励手段,以评选"荷美之星"等荣誉为动力,更多地关注学生

能力、情感、态度等指向,凸显了校本特色,培养了学生的家国情怀。

一个校本课程的开发,不是一个短期的过程,它需要学校有一个顶层的设计,因地制宜,做好规划,并不断地随着活动的开展进行修改和调整。它需要学校、家长、教师、学生的共同参与,不断征求各方面的意见,在实践的基础上不断完善,最终指向立德树人的育人目标,培养具有区域特质的新时代农村学子。

作者:聂虹波

杭州市建德市大慈岩小学

第 **7** 问
乡土历史和文化特色校本课程如何开发？

> 一个地区特有的历史文化最能体现它的特色，小到一件衣服、一句俗语、一种小吃，大到一场婚礼、一式建筑、一方年俗，一旦你置身其中，仿佛就能跟随前人脚步，领略这传承了千百年的风土人情。学校作为教书育人的阵地，自然担当着历史文化传承的重任，其中最有效的方式莫过于开发当地特色历史文化校本课程，让那些正在逐渐消失的地方习俗在校园内怒放新枝，将乡愁的种子撒进孩子们的心灵。

在农村学校乡土课程开发过程中，历史和文化类的乡土课程资源往往比较受开发者的关注，也会给开发者带来一些困惑。如建德市乾潭初级中学的课程开发者们，在发现可以挖掘当地伍子胥文化开发特色校本课程之初，就产生了以下疑问：课程的目标如何拟定？乡土历史和文化特色课程该如何分类？此类课程的开发流程是怎样的？课程资源怎样进行整合？课程的结构是怎样的？

为了让课程开发者们对乡土历史和文化特色校本课程有更清晰的认识，有更明确的开发思路和方向，本文将对乡土历史和文化特色校本课程开发过程中容易产生的这些问题进行一一解答。

一、乡土历史和文化特色校本课程目标

(一)培养学生的家国情怀

通过对当地特色历史和文化知识的学习,让学生深入了解自己的家乡,探寻自己的"根",形成较为深刻的乡情,产生强烈的归属感和故乡意识,进而培养学生的家国情怀。

(二)汲取祖先的过人智慧

农村学校所处地一般都有种类繁多的民俗活动,手工制作类的、民风习俗类的、文艺表演类的……学生在课程中体验各种乡土民俗,学习许多乡土技能,特别是对农事技能,可以让他们对农民的不易产生共情,也可以让学生汲取祖先的过人智慧。

案例7—1　航头中心幼儿园"农味活动日"

建德市航头中心幼儿园的"享自然之美·尝农事之乐·品传统之味——幼儿园'农味活动日'的设计与实施"课程,以农事为基,以体验为重,让孩子们感受付出劳动和收获果实的快乐,他们的课程安排如表7-1所示。

表7-1　"农味活动日"之农事体验安排表(部分)

时间	年段	活动类型	活动内容	活动说明
春夏季	小班	种植类	种植苋菜、空心菜、茄子	园内基地,以班级为单位选种一种作物
	中班	种植类	种植西红柿、玉米、花生、青豆	园内基地,以班级为单位选种一种作物
	大班	种植类	种植黄瓜、豇豆、葫芦	园内基地,以班级为单位选种一种作物
		种植类	种植番薯	园外基地,以年段为单位开展活动
		种植类	种植甘蔗	园外基地,以年段为单位开展活动

(三)探秘当地风土人情

可以让学生探索先人开凿的路、品尝先人创造的美食、体验先人发明的器物,配合专业知识的介绍,更能让学生体会到先人的智慧,并产生由衷的崇敬感。

案例7—2　严州中学梅城校区"'严实'内涵校本课程"

浙江省严州中学梅城校区的"绿道模型:基于'严实'内涵的校本课程体系重构与实施"明确提出,以"严实"校训为根基,开发出立德、明智、进业课程群,设置了培养"严以修身,实于做事"的严中学子的课程目标,如图7-1所示。

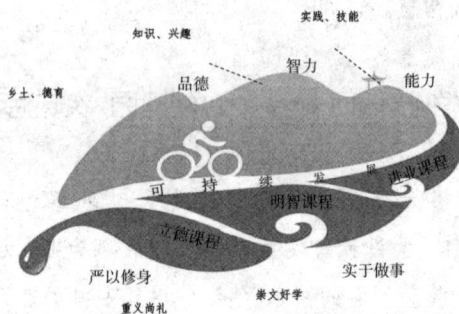

图7-1　"严实"内涵校本课程目标示意图

二、乡土历史和文化特色校本课程的分类

鉴于历史和文化这一类型课程的特殊性,不能简单地将它分为历史类和文化类,因为人们在研究某一段历史时,一定会研究这一段历史中人们特有的文化活动;而在研究某一地区文化发展进程的时候,也一定是以特定的历史轴线为背景。历史与文化本就难以完全独立研究,乡土历史和文化特色校本课程同样需要历史与文化资源的综合利用。因此,开发者可以依据乡土历史和文化特色校本课程开发资源的性质与功能,将课程分为知识技能学习类、民俗活动体验类和地域风情探秘类,各个大类又可以分为几个小类,具体

的课程分类如图7-2所示。

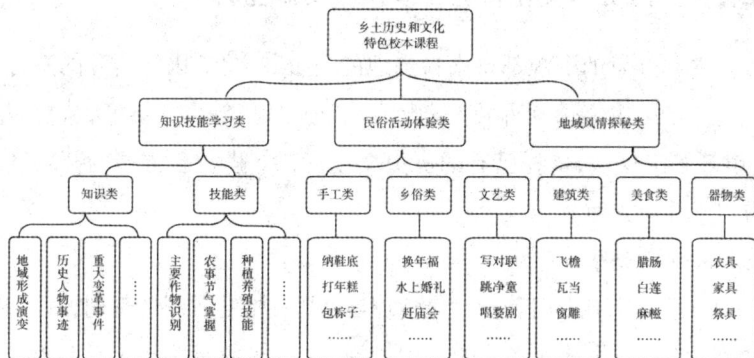

图7-2　乡土历史和文化特色校本课程分类

三、乡土历史和文化特色校本课程的开发流程

乡土历史和文化特色校本课程的开发流程,从分析本校情境出发,基于当地特色乡土历史文化资源,深度挖掘资源价值,根据资源的不同类型,开发设计相对应的课程形式,以期达到资源利用最大化,实现培养学生家国情怀的最终目标。具体的开发流程如图7-3所示。

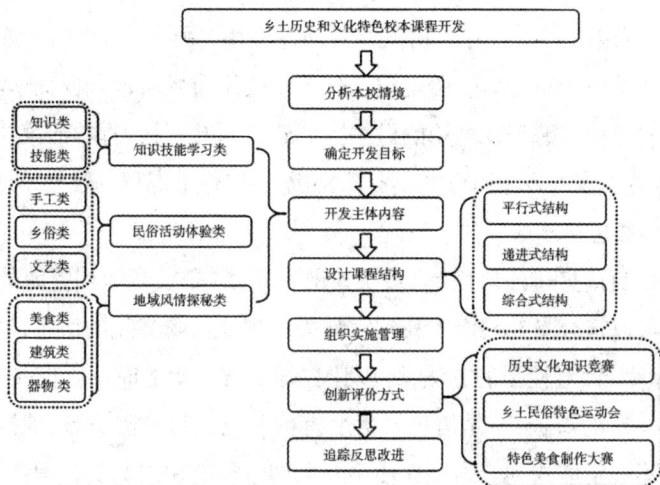

图7-3　乡土历史和文化特色校本课程开发流程

四、乡土历史和文化特色校本课程资源整合

该类课程开发的资源都是来自当地的历史和文化,因此资源的整合,可以从当地人、事、物等多个角度,从政治、经济、环境等多个维度,从校园、村落、乡镇等多个层次,依托已有的历史文化资料等进行全方位的开发利用。具体有以下几个方面。

1.各级政府资源

各地方政府都有专门负责收集整理当地历史文化资料的部门,都会建立如历史纪念馆、文化长廊之类的基础设施,这些都是课程开发资料的来源。教师可通过借阅当地历史记载书籍、参观历史纪念馆、欣赏各地文化长廊、翻阅各村地方志等,将这些资源有机整合,可以让我们了解当地整个历史进程、文化发展,挖掘出很多可运用于课程开发的历史文化资料,是很好的总体资源整合方法。如建德市钦堂乡谢田村的"跳净童"、建德农村的"倒笃菜腌制技艺"等,都可以在各级政府文献上查到。

2.各类基地资源

校外建立的学习基地,不仅是学生学习的第二课堂,同时也是可以直接加以利用的课程资源。在这里,学生和教师不仅可以学习到基地相关的历史与文化,还可以将自己已有的知识经验加以应用,做到学以致用。如在历史文化类旅游景点、农户家庭、历史纪念碑等学校周边场所建立校外学习基地,也是不错的课程资源开发利用的做法。如建德新叶古村、胥岭油菜花观赏地等,都包含着丰富的乡土历史文化资源,也都可以作为课程的校外基地。

3.网络信息资源

作为目前信息传递最广泛、最快速的互联网,是校本课程资源的重要来源。教师可以很容易在网络上找到大量关于当地历史文化的信息,这种速度快、信息量大、针对性强的方法,可以让教师节省大量的时间。但是,这种方法也存在一定的短板,一是信息可信度有待考究,二是部分偏远地区的历史文化资料不一定能找到。因此在使用互联网进行资源整合的过程中,要注意可信度的考证,要注意和其他方法进行结合。

4.社会人士资源

课程研究的历史和文化主要是人类社会的历史和文化,所以从各行各业、各年龄段、各阶层的人口中,也可以获得非常宝贵的课程开发资源。如各行各业的学生家长,参与过各种历史事件的老人,参与地方志修订的人员等,都是课程资源的有效提供者。如建德市婺剧团团长洪建波、建德天罡拳第四代传人俞宝麟、"建德人牙"馆讲解员祝冬根等。

5.学校环境资源

学校作为学生学习的主要场所,为校本课程的开发和实施提供了主要的场地资源。根据课程开发需要,建立校园乡土历史文化长廊、乡土历史文化书架、乡土历史文化展馆等,这些都是学生学习乡土历史文化的优良场所。如浙江省严州中学这所百年老校的悠久校史,就是很好的学校资源。

6.特色物产资源

由于自然环境、人类活动等因素的影响,每个地区都会有各自独特的物产,这些物产的出现原因和演变过程,同样是研究本地区历史和文化的良好载体。如建德各地有里叶白莲、千岛银针、三都蜜橘、三都麻糍、新叶米糕、杨村桥草莓等丰富多样的物产资源,如果能将当地特产资源整合入课程开发,将会是一条既有趣又生动的历史文化学习线路。

7.当地产业资源

农村历史和文化的发展确实和农业密不可分。伴随着农村历史进程也一定包含着农、林、牧、渔、商等各个产业的发展。因此笔者认为,只研究农村的农业,对于农村历史文化发展的研究是片面的、不科学的。我们应该将农村地区特有的各个产业发展的历史与文化融入课程,这样才能完整地理解这一地区的历史文化发展过程。如:建德的农业历史文化中的水稻文化、茶文化、油菜文化等;养殖业从集体养殖到农户散养,再到规模养殖的演变;工业历史文化中的冶金业、化工业、家纺等轻工业;商业历史文化中鸡蛋换盐、鸡毛换糖等的等价交换的形式,到物产盈余后各种摊贩的出现,再到各种商店、超市的出现;等等。这样一个个历史文化事件、一条条历史文化脉络、一块块历史文化篇章,都是地区的历史与文化的落脚点,它们共同组成了这一地区

的历史文化发展进程,将它们梳理清楚,是课程开发研究的重要资源来源。

案例7—3 寿昌中学"寻梦非遗"

建德市寿昌中学的课程"寻梦非遗:基于非遗文化传承特色课程群的实施创新",通过寻梦非遗活动,师生收集了大量的非遗信息,经过合并、分类、汇总,总计2086项,其中列入浙江省非物质文化遗产名录的14项,杭州市非物质文化遗产名录的24项,建德市非物质文化遗产名录的101项。这对负责课程开发的教师的能力有比较高的要求,需要开发团队付出很多的前期努力。他们的研究同样说明了课题资源的多样性以及资源收集的重要性。

五、乡土历史和文化特色校本课程结构

乡土历史和文化特色校本课程坚持以学生为主体,以历史和文化知识的学习为载体,用课堂知识学习结合基地体验加参观感受的方式,让学生浸润在当地的历史文化之中,在潜移默化中培养学生强烈的家国情怀。整个课程以学生家国情怀的培养为一个核心,以历史和文化的学习为两条主线,以知识学习、实地体验、参观感受为三个维度,配合教师、家庭、社会和学校四方联动,实

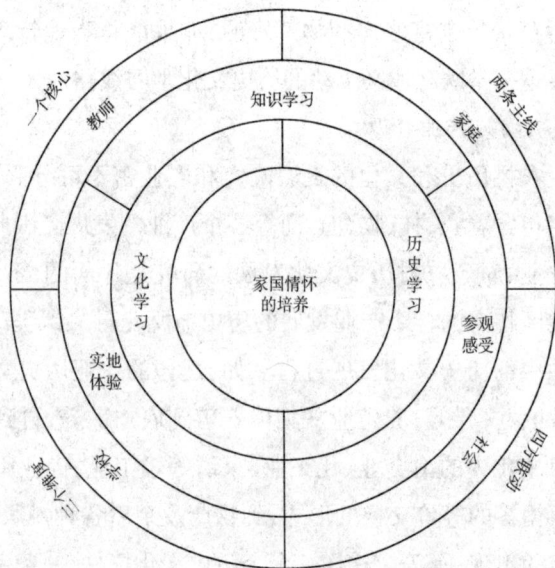

图7-4 乡土历史和文化特色校本课程架构

现对课程的架构,具体如图7-4所示。

1.乡土历史和文化特色校本课程的结构可以是平行式的

平行式的课程结构方式是指基于相同的核心课程理念,从不同角度出发,开发相对独立的两个或两个以上的课程,这些课程可以是将核心理念贯穿始终的课程分支,也可以是为核心理念服务的平行课程,甚至可以是分学科教学的平行课程群。它们既有统一的核心思想,又有相对独立的课程体系,属于典型的平行式课程结构。

案例7—4 大慈岩中心小学"童眼看古村"

建德市大慈岩中心小学的课程"童眼看古村",深入周边历史悠久的古村落,开发课程资源,引领学生走出校园,走进古村,通过用眼看,用嘴问,用耳听,用手做,用心享等方式,在亲身体验中,增强对本土文化的认同,激发学生作为主人翁的自豪感、责任感。课程的整体架构主要分为荷田学农、古村探秘、昆曲传唱三大区块,是典型的平行式课程结构,具体如图7-5所示。

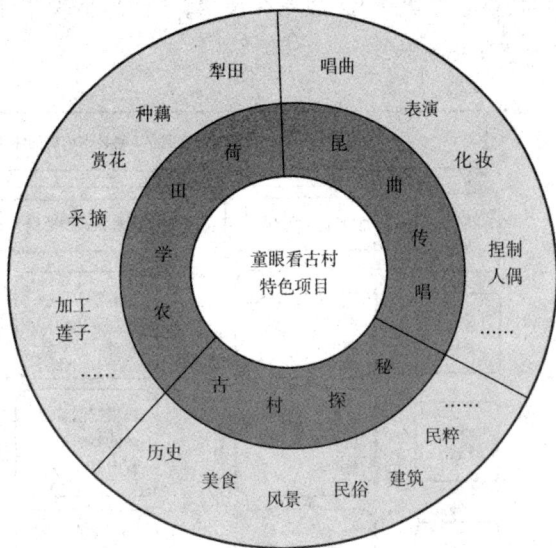

图7-5 "童眼看古村"特色项目结构

2.乡土历史和文化特色校本课程的结构也可以是递进式的

有些乡土历史和文化特色校本课程,由于课程内容的特殊性,既可以设置直接相关的历史文化体验课程,又可以从这些直接体验的课程中衍生出深层次的课程活动形式,还可以开发出从中提炼各种情感素养的课程,这就是递进式的课程架构方式。通过这样的课程设置,课程核心理念不断得到升华,能起到深化课程资源利用、深度实现课程理念的作用。

案例7—5 航头初级中学"根雕创意"

建德市航头初级中学的课程"农村初中'根雕创意'特色课程群的架构与实施",从基础的"根雕制作类课程",到进一步的"根雕营销类课程",再递进到"根雕素养类课程"的课程架构,很好地体现了课程结构中的递进模式,具体如图7-6所示。

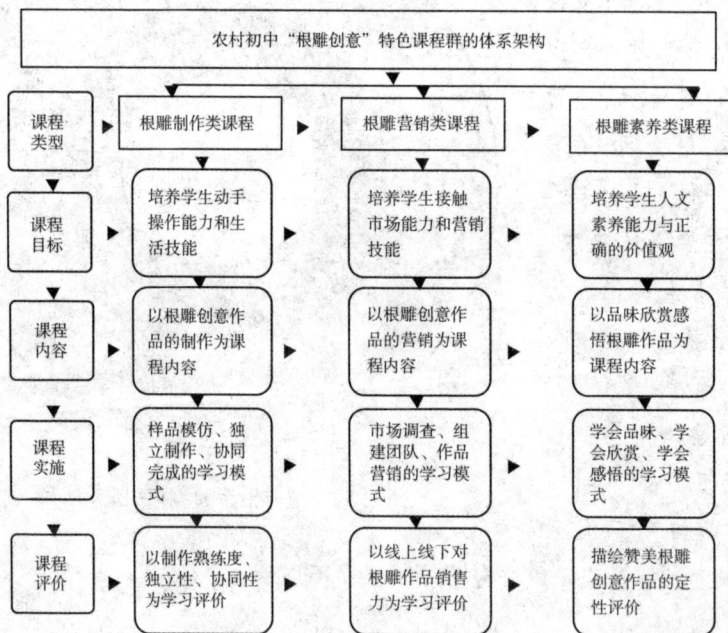

图7-6 农村初中"根雕创意"特色课程群体系架构

3.乡土历史和文化特色校本课程的结构还可以是综合式的

一些乡土历史和文化特色校本课程的开发初衷,就是将学校的办学理念贯穿于课程中,以课程的具体实施为学校核心精神的落脚点,这类课程就可以用综合的方式来架构课程。该类课程往往以一种具体形式来承载课程理念,将它具体到基地建设、知识教育、思想教育、文化活动、社会实践等学校日常的方方面面,充分体现了课程架构的综合性。

案例7—6 三河小学"创意稻草文化园"

建德市三河小学的课程"基于'创意稻草文化园'的以德育人的三河样态研究",他们的课程架构综合了基地建设、课程设置、活动安排、文化传承等多个方面,属于综合性比较强的课程架构模式,如图7-7所示。

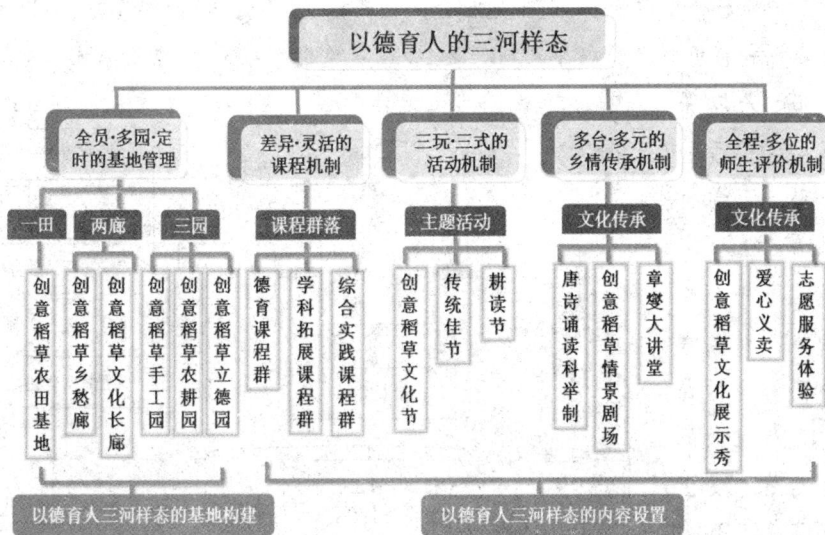

图7-7 以德育人的三河样态课程架构

当然,目前已经有一些农村学校依托当地乡土历史文化资源,结合学校发展实际,开发出了一批不错的特色校本课程,如建德市乾潭初级中学的金忠兵、齐丽珍等老师负责开发的"基于'子胥文化'的初中生育人特色项目的设计与实施"校本课程就是一个典型案例。

案例7—7　乾潭初级中学"子胥文化"

　　建德市乾潭初级中学依托以乾潭当地历史人物伍子胥为原型,以诚信、担当,坚毅、自律,思辨、创新等要素构成的"子胥文化",打造了"基于'子胥文化'的初中生育人特色项目的设计与实施"校本课程。根据文化育人和实践育人理念,依托子胥文化,以培养学生核心素养为指向,提炼诚信、担当,坚毅、自律,思辨、创新等与核心素养相一致的关键词,设计聆听历史故事、寻访遗迹遗存、学科渗透融合、子胥德育微课、子胥文化建设等育人项目,通过课堂渗透、子胥学堂和社会实践等路径,实现育人目标(见图7-8)。

　　课程整合了政府资源、当地社会人士资源、基地资源、网络资源、学校特色资源和特色物产资源等来源广泛、形式多样的特色资源,作为课程开发的基石,又以课堂学习、活动体验、跨学科融合、社会实践等多种多样的方式对各种不同类型的资源进行有效的整合,开发出如寻访子胥人物、构建子胥课程、学习子胥文化、实践子胥文化等特

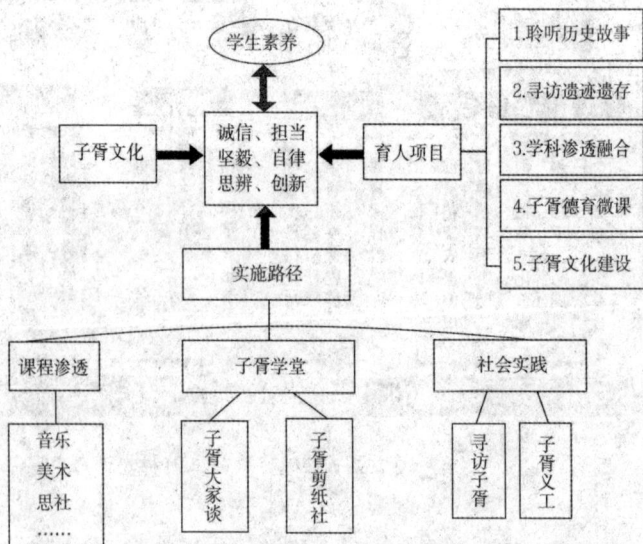

图7-8　基于"子胥文化"的初中生育人特色项目架构

色项目。以子胥文化上墙,编写、学唱《子胥之歌》,子胥文化校报,开展子胥教学节,子胥文化剪纸,开设"子胥之声"广播站,评选"子胥少年"等具体措施,将课程的设计落到实处。

课程的整体架构以学生诚信、担当,坚毅、自律,思辨、创新的素养为核心,结合子胥文化,开发育人项目,拓展实施途径,将子胥文化落实到学校教学工作的方方面面,为培养有理想信念、有责任担当的好少年服务。

乡土历史和文化特色校本课程取材于乡土,施教于乡村,寄情于乡史,内化于乡人,不仅实现了校本课程的本土化、自主化、多样化,更实现了校本课程因地制宜、因材施教的开发目标,在凸显农村学校办学特色、锻炼农村教师教学素养、培养农村学子家国情怀方面发挥着独特的作用,为实现培养有"根"的社会主义接班人的美好愿景,贡献一份乡土之力。

作者:陈 冲

杭州市建德市乾潭初级中学

第 **8** 问
乡土体艺兴趣特长课程如何开发？

乡土文化在数千年的沉积中,形成了她鲜明独特的民俗风情,尤其在语言、音乐、舞蹈、美术、体育、娱乐等方面都形成了独具区域特色的乡土体艺文化。为发挥本土传统体艺文化强大的育人功能,近几年来,学校将乡土传统体艺游戏与学校办学理念和育人目标相融合,开发具有本土特色的体艺传统游戏项目,因地制宜构建"校本"特色课程,创建"本土"校园体艺文化,传承当地优秀民族体艺文化,丰富学生体艺游戏内容,推动学生全面发展,努力在孩子心中播下传承乡土体艺文化的种子。

乡土体艺特长课程是以乡土传统体艺趣味文化为依托,将当地绚丽多彩的民族、区域性文化与学校的办学特色相结合,开发一切可利用的校内外文化、教师、学科、社会资源,以学习乡土体育、艺术技能为内容,以挖掘其背后的育人价值为导向,以一系列体艺课程活动为载体,帮助、激发学生对传统体艺项目的兴趣,学习本土艺术、体育等方面的综合技能,也是推进学校"五育"教育的实施,培养具有乡土特色、学校特质的学生而形成的一种特色课程。那么,乡土体艺课程有哪些？乡土体艺兴趣特长课程的目标是什么？如何挖掘整合乡土体艺课程资源？乡土体艺课程资源整合的方法有哪些？课程开发的流程是什么？如何设计乡土体艺课程结构？这些问题都是农村地区学校开发乡土体艺课程亟待解决的问题和刚性需求。

一、乡土体艺兴趣特长课程的分类

农村乡土体艺资源虽多,但由于认识深度和广度的问题,这些地方资源长期处于闲置状态,如何收集、分类这些乡土体艺资源,成为当今全社会共同的难题。针对农村学校体育与艺术面临的这种困境,首先就是尽可能从各个广泛角度对乡土体艺资源进行分类整理,分类设置地方特色课程。

乡土体艺兴趣特长课程分为体育类和艺术类。乡土体育类又可分为传统体育与现代体育。艺术类又可分为传统艺术与现代艺术类。具体分类如图8-1所示。

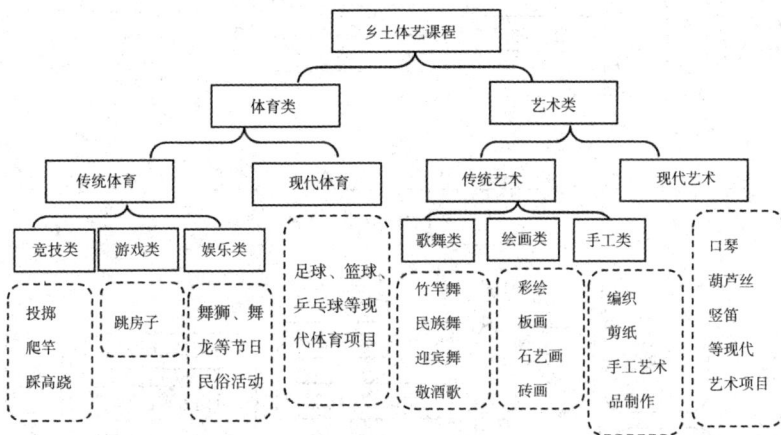

图8-1　乡土体艺课程分类

二、乡土体艺课程的开发流程

农村乡土体艺课程资源的开发,不仅丰富了地方课程教育的内容,也是结合生活与课堂的有效途径,使学校教育与地方乡土文化相交融,具有其重要的社会价值。目前,国家大力倡导在保证实施国家课程的基础上,鼓励地方开发适应本地区的地方课程,因地制宜地开发利用各种课程资源,发挥地方课程资源应有的教育优势,体现课程的弹性和地方特色。

　　农村乡土体艺兴趣类课程的开发建立在当地丰富的自然资源和人文资源的基础上,主要包含体育类、艺术类。具体路径设计、载体创新和项目开发流程图示如下(分体育类、艺术类),见图8-2。

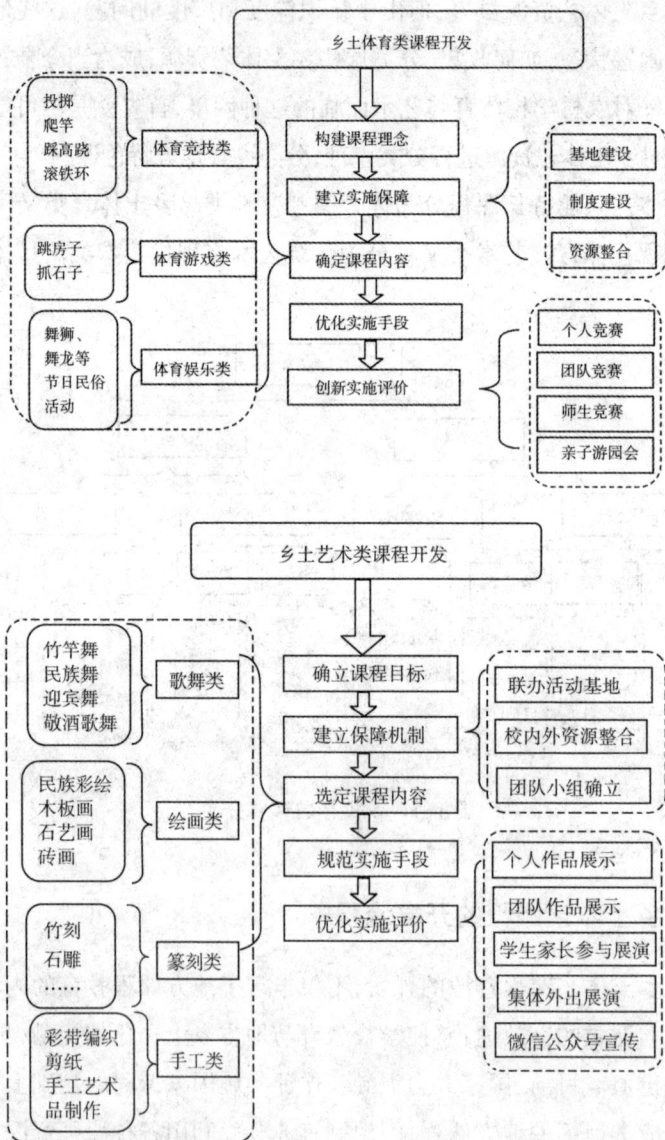

图8-2　乡土体育类、艺术类课程开发分类

　　确立课程理念/目标:校本课程是国家课程、地方课程的个性化补充,作为本土化的课程,其开发宗旨是符合教师和学生的发展需要,促进师生的个性发展,师生应是校本课程开发的主体。乡土体艺类特色课程以地方体育文化资源为载体,因此在课程构建上应围绕校园文化理念,从农村学生生活环境、体育课程的特性等方面构建。

　　建立实施保障:从物质供应,基地建设,校园文化活动等方面提供实施保障。

　　确定课程内容:乡土体艺类特色课程内容分为体育类和艺术类两大类。体育类课程指农村至今流传的传统体育项目,包含:①体育竞技类:投掷、爬竿、滚铁环等。②体育游戏类:跳房子、抓石子。③体育娱乐类:舞狮、舞龙等节日民俗活动;艺术类课程指乡土文化孕育下的具有鲜明本土特征的艺术类活动,具体细分又包含:①民俗歌舞:如畲舞、山哈歌、敬酒歌等。②彩绘:如石艺绘画、砖画等。③篆刻:如竹刻、石雕等。④手工:如稻草编织、彩带编织等。⑤剪纸等。

　　优化实施手段:通过优化教师师资配置,优化课堂管理,开展一系列丰富多彩的社团活动及校园活动,从课堂到课外,从教师到学生,逐步优化乡土体艺类课程的实施过程。突出课程实施中的实践性,操作式学习。

　　创新实施评价:为进一步激发学生的创造潜能,促进学生可持续探究,课程评价注重学生的发展性评价,通过个人作品展示、团队活动、亲子表演、师生同台竞技、校外展演等方式,更关注学生在活动中的兴趣、参与度、能力和团队协作等多方面的发展。

三、乡土体艺兴趣特长课程目标

　　新一轮课程改革中,学生的学习方式与教师的教学方式正发生着深刻的变化,需要每位教师重建课程理念,掌握课程开发技术、原理及技巧,创新教学模式。从学校的实际情况和学生的实际需求出发,将一些乡土体艺特色项目进行校本化开发、选用与实施,构建学校办学特色,打造"个性化"学校形象,激发学生主动参与体艺类活动的热情,充分发挥学生活泼好动的特性,发展学生特长,促进学生全面发展。

(一)激发体育兴趣,强身健体

通过体育类特长课程的学习,认识、了解乡土体育的种类项目,激发学生学习乡土体育技能的兴趣;掌握体育基础知识和基本技能;培养学生积极主动、合作参与体育活动的精神;树立良好的健身意识,培育良好的意志品质和健全的人格。

(二)开阔艺术视野,传承文化

通过艺术类特长课程的学习,立足乡土民间艺术,以学生发展为中心,关注学生艺术能力与人文素养的整合发展;通过艺术与学生感兴趣的生活、情感、文化的联系以及各不同艺术之间的联系,提高学生的探索、参与、感受和创造的积极性,拓宽学生的艺术视野;通过对家乡艺术美的理解,激发热爱家乡的情感,进一步传承乡土传统体艺文化。

四、乡土体艺兴趣特长课程资源的整合

课程资源开发要考虑地域、学校的区域特点和校园文化,体现课程的地域性与独特性;还要考虑学生不同年龄、不同学段、不同兴趣的差异,体现课程的多样性与选择性。如何将乡土体艺资源加以合理的挖掘与开发,整合成适合学校发展的特色资源,已成为农村学校面临的重大挑战。乡土体艺特长课程的开发遵循上述开发原则的同时,根据本地和本校的资源特点,充分利用已有的资源,积极开发潜在的资源,还要积极挖掘、筛选、整合学校内外可用的师生资源,校外的自然资源、社会资源、人文历史资源。

(一)乡土体艺兴趣特长课程资源整合的内容

1.整合校内资源

(1)校园文化资源 校园文化是学校所具有的特定的精神环境和文化氛围,它包括校园基础设施建设、人文环境和文化氛围。结合学校的办学目标,办学思路和特有的体艺文化活动,充分利用学校现有的校园基础设施,提高对体育类、艺术类专业教室的利用率,加强本土体艺项目的训练;建立校园特色体艺活动基地,打造特色体艺文化展示厅,打造独具特色的校园本

土文化。

案例8—1 富阳区里山镇中心小学"茶韵课程"

富阳区里山镇中心小学的"茶韵课程"为了让茶文化熏陶感染每个孩子，充分利用学校的每一处空间，包括"让墙活起来""创建茶文化陈列馆""布置茶文化走廊""开辟茶叶种植采摘基地"来架构茶文化校园。

(2)教师专业资源 教师专业资源是指学校现有的专业教师师资队伍及外聘的参与体艺游戏类专业指导人士。根据学校的课程开发小组明确分工，具体到人，保障各项活动的开展有充足的人员保障：充分利用学校专业的体艺、综合实践教师参与课程开发；根据教师的兴趣、特长培养一部分的非专业体艺教师，扩大体艺教师队伍；聘请本土专业人士对本校教师进行专业体艺知识的指导，提高学校教师的体艺业务能力水平。通过一系列的课程开发活动，唤醒教师的课程意识，促使教师对本土体艺文化有深入的了解、挖掘与整理。

(3)学科融合资源 乡土体艺课程的开发与利用可以渗透和体现在各个学科教学之中。研究者尤其是广大一线教师从教育教学实践出发，探索乡土体艺特色课程在各个学科中的开发与利用，从传统体艺文化中的学科元素进行提炼，并与课程资源和教材内容进行整合，以校本课程为抓手，渗透到学校教育教学的各个领域。

乡土体艺特色课程建设以点带面，纵深发展。结合学科特点，将家乡传统文化与学科教学进行有机整合。如：

语文与体艺——从学生阅读有关家乡故事的体艺传说等文学作品，活动宣传报道提炼体艺特色游戏文娱项目活动，课后通过收集、采访获取素材、撰写报道，与语文的阅读课、写作课有机整合，从而增强学生的阅读能力、口头表达和写作等综合能力。

道法与体艺——提炼传统乡土体艺活动中有关民俗风情，传说故事，名

人传记、传统技艺、村规民约等信息,与学校道德与法治课程进行有机融合,对学生进行思想道德、行为规范的正确引导。

历史与体艺——介绍家乡各项传统体艺活动的时代背景、人物特点,神话传说,走访历史文化馆等方式,欣赏家乡传统体育娱乐项目,将贴近学生生活的各种教育资源与历史课程相整合,给予学生多方面的信息刺激,丰富历史课的教学内容,让学生切身实地地感受体艺文化的历史背景,提高学生学习历史的兴趣,激发学生热爱家乡的自豪感和责任感。

2.整合校外资源

(1)自然地理资源 自然地理资源是指校园周边的可利用的自然地理资源,包括山、水、茶、石、竹、树等。结合当地的区域地理优势,利用农村特色的自然资源,因地制宜地开发相应的体艺资源,开展丰富多彩的体艺实践活动。充分地运用这些乡土的材料实施体艺趣味课程,不仅可以解决材料短缺的现状,还可以让孩子的农村经验和农家的角色意识表现得淋漓尽致,让农村的孩子在全面发展的同时得到富有个性的发展。

(2)社会发展资源 社会发展资源是指学校周边地区内一切可运用的力量,从对学生发展有益的角度出发,开发利用社会资源与乡土体艺课程进行整合,包括物质资源和人力资源两大类。主要有当地相关政府文化扶持政策、企业、工厂产业链、农村文化展示厅等。结合近几年当地政府大力支持、和扶持的相关产业,与学校周边的企业对接开展相对应的体艺文化学习交流活动,组织外出学习参观、考察,让学生对家乡建设发展、美丽乡村有初步的认识和了解。也可依托当地政府、企业所举办的活动,搭建对外展示平台。

案例8—2 千岛湖镇第一小学"淳安竹马"课程

淳安县千岛湖镇第一小学的"淳安竹马"课程就充分整合了社会发展资源。学校在开发课程的同时,成立小竹马表演队。并与当地多家竹业制造企业相联系,整合了社会企业资源和当地的文化旅游业资源,积极参与当地的文化旅游产业的展演活动,与课程目标进行适当的对应,充分展现了"淳安竹马"的艺术魅力,为传承这一国家非物质文化遗产做出贡献和努力。

(3)人文历史资源 人文历史资源是指当地经过历史沉淀保存下来的特有的历史文化资源和风土人情,包括神话传说、民俗活动、民俗歌舞庆祝仪式等非遗文化。乡土体艺特色课程就是让学生通过对家乡知名人士、历史见证人的采访,通过了解家乡的民俗文化,加深对乡土体艺活动的背景知识了解;在了解的基础上,师生一起学习、探索,进而模仿、创新体艺活动形式,进一步展示与传承当地的人文历史资源。

案例8—3 莪山民族小学"葫芦种植与创绘"课程

桐庐县莪山民族小学"葫芦种植与创绘"课程就是以畲族的神话传说为背景——畲族崇拜先勇王,就是盘瓠,而盘瓠就是葫芦。此神话是畲族民族身份认同的传说,激起了畲族孩子的兴趣,也激起了基于畲族历史传承的畲乡学校特色文化的实践与探究。

(二)乡土体艺兴趣特长课程资源整合的方法

针对农村地区经济落后,经费、体艺场地设施、器材资源匮乏,提出利用农村丰富的校内、校外资源,因地制宜地开发和利用乡土体艺资源,发挥乡土体艺文化应有的教育优势。因此,以国家义务教育课程标准为基本理念,依托当地区域文化和本校的体艺特长优势,通过收集—分类—筛选—改造—联系等环节,梳理以乡土体艺文化为主线的有关课程资源。

(1)收集 在收集过程中,体艺类教师和学生亲自深入农村村落去实地寻访,通过对农村中一些德高望重的乡土艺人的访谈,收集民间体艺游戏项目;发动学生参与社会实践活动去观察当地的文化馆,查找文献,收集身边的简单、有趣、易学的乡土项目,以便教师在后续的筛选过程中进行有针对

性的取舍。

(2)**分类** 将收集到的乡土体艺资源分门别类,按体育类、音乐类、绘画类、手工类、游戏类等不同类别做好分类整理。

案例8—4 贤明小学"贤明课程"

富阳区贤明小学的"贤明课程"就将收集到的乡土体艺资源进行分类,分别开设了"畲舞曲艺""畲饮食""贤明纸坊""武术:太极"等不同的校本精品课程。

(3)**筛选** 收集到的乡土教材除一小部分可以直接利用外,绝大部分需要经过筛选,筛选出一批符合学生身心发展特点且具有实际操作性的项目。

(4)**改造** 经筛选确定的体艺项目,需要经过加工改造,改进项目游戏规则,改进体艺课堂的教学用具,编写教材,才能真正地进入课堂教学。

(5)**联系** 加强与当地政府文化宣传办的联系,与当地特色美丽乡村、美丽村镇建设相结合,取得专项资金、服装等资源上的支持,共同组织参加乡镇大型文娱活动,为学校特色体艺课程搭建对外展示平台。

五、乡土体艺兴趣特长课程结构的设计

乡土特色体艺课程以"乡土体艺"为核心,充分挖掘、综合利用当地特有的乡土体艺项目资源,开展丰富多彩的体艺活动,寻访家乡传统体艺游戏文化的由来和历史背景,感知本地体艺趣味项目的丰富种类和活动规则,体验参与各种体艺活动,进一步传承乡土体艺文化。那么,乡土体艺特色课程的结构是怎样的? 有哪几种类型?

1.发散式课程结构

发散式课程结构是指以特定的课程作为核心课程,围绕这个核心发散辐射出其他与之相关的不同学科、不同领域、子课程,且所有发散的子课程都紧紧围绕这个核心课程而开展学习活动。

案例8—5 渔山乡中心小学"稻香渔山"课程

富阳区渔山乡中心小学"稻香渔山"特色课程就是紧紧围绕"稻香渔山"这个核心,设计了"稻香与劳动""稻香与艺术""稻香与文化"三大特色项目。通过稻香课程"稻香与文化"的项目化和多样化教学、实施"稻香与劳动"现场劳动体验课程、"稻香与艺术"社团课程的规范化和精品化建设、构建新耕读教育的多元化评价机制等路径实施"稻香渔山"课程,有效地

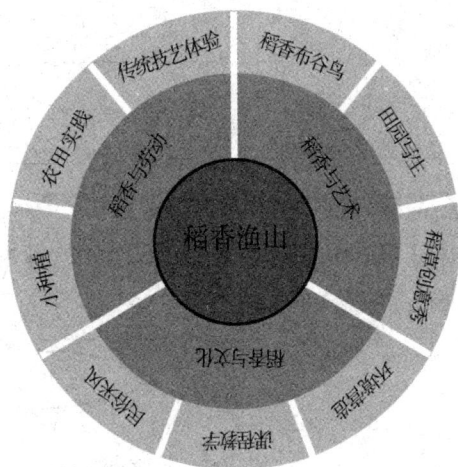

图8-3 "稻香渔山"发散式课程结构

促进了学生的个性发展、教师的专业发展和学校特色的形成。

2.递进式课程结构

递进式课程结构是以总课程下的各个子课程在不同阶段中,课程内容在原来的基础上又有了更深层次的发展。

案例8—6 大同初级中学"以美育心"课程

建德市大同初级中学的"以美育心:基于审美的农村初中创意木片特色课程群的架构与实施"基于审美育人的理念,挖掘开发了创意木片特色课程资源,然后设计了"巧思绘心""无边烙木""如印随形"三个子课程,又根据资源的特征和学习的需要,设置规划了若干个学习模块,分年级学习。其中"巧思绘心"是七年级学生学习,学习在木片上绘画的技法;"无边烙木"是八年级

学生学习,学习在木片上烙的技法;"如印随形"是九年级学生学习,学习在木片上拓印的技巧。后一个子课程是在前一个子课程的内容与技巧基础上不断地延伸与递进。

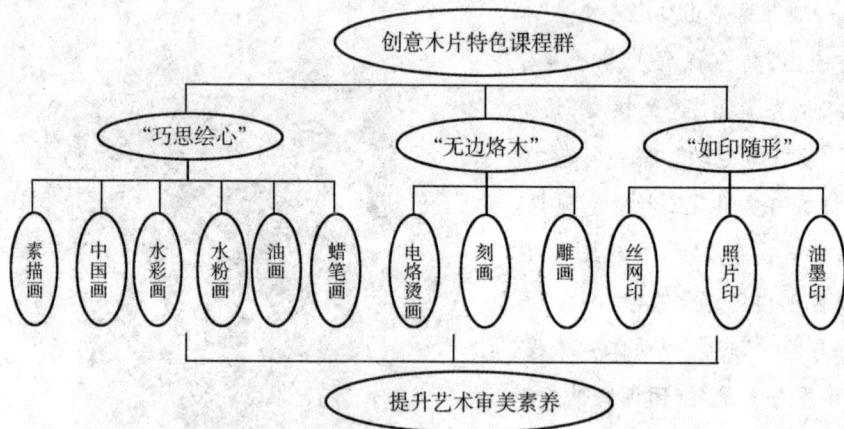

图8-4 "创意木片"递进式课程结构

3.矩阵式课程结构

矩阵式课程结构是以核心课程衍生出纵向不同体系的子课程,且各个子课程之间又有横向的关联与层层递进。

案例8—7 瓜沥镇幼儿园"民间美术场馆"课程

萧山区瓜沥镇幼儿园"民间美术场馆"课程是以"民间美术学习模式的开发与运作"为核心的探究课程模型。以馆为主阵地(即青花、印染、编织、泥塑、彩绘、剪纸六大园创民间美术幼儿专用场馆"园内馆"和丰富的周边社会资源"园外馆"),以"选·学·创·展"为课程实施路径。通过"选择、学习、创意、展示"四个课程实施阶段(操作链),构成一个特色课程体验周期(一个学期)。每阶段的一个重点能力目标:会愉快选择、会发现学习、会自信展示、会自由表达。

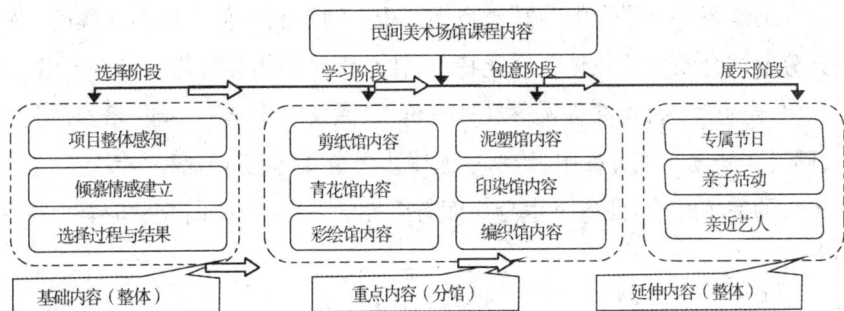

图8-5 "民间美术场馆"矩阵式课程结构

目前已经有一些农村学校依托当地乡土体育、艺术等文化资源,结合学校实际,开发出了一批不错的特色校本课程,如建德市大同第一小学开发的"畲韵童趣:基于畲族文化的传统趣味游戏项目选修课程"校本课程就是一个典型的案例。

案例8—8 大同第一小学"畲韵童趣"课程

建德市大同第一小学正在开发的"畲韵童趣"课程,结合当地绚丽多彩的畲族体艺活动,结合学校"传承畲韵文化 打造书香大同"的办学理念,以具有畲韵特色的拓展选修课程和丰富绚丽的校园文化为载体,进行学科整合、资源优化。学校先后开发出《畲韵一小》《葫芦丝课堂》《畲族山歌》等校本教材。同时开设数个与畲族传统文化有关的社团,精心打造具有"畲韵"特色的趣味体艺项目。如:畲语会话林、畲娃民乐坊、畲舞韵扬厅、畲族体育俱乐部。学校充分利用学校的"一馆二廊三厅四室五园"来打造独具特色的畲韵校园文化。学校重视展示平台搭建。为了更好地传承和弘扬畲族传统文化,从2011年开始,学校便依托农历"三月三"这一畲族传统节日,已经举办过8届畲族文化节活动,让学生参与其中,传承畲族传统体艺游戏项目,得到市政府、建德市民宗局、建德市体育文广新局等各级领导的充分肯定。

　　乡土体艺特色课程的"魂"于乡土,"根"于校园,如何在校本课程的开发中充分地结合农村地域体艺文化特色,让乡土民间体育与艺术走进课堂,走近学生,走近生活,让课程发挥其教育价值,激发学生学习兴趣,培养体艺特长;同时在开发实施过程中,传承本土体艺文娱文化,实现课程与乡土体艺特长传承的完美结合,促进学生全面而有个性的发展,是我们今后应努力探究的方向。

作者:夏　芬

建德市大同第一小学

第 ⑨ 问
乡村学校综合实践活动课程如何设计？

　　综合实践活动是国家规定的必修课,包括研究性学习、劳动技术教育、社区服务、社会实践四部分内容。开展综合实践活动旨在让学生联系社会实际,通过亲身体验进行学习,积累和丰富实践经验,培养创新精神、实践能力和终身学习的能力。《中小学综合实践活动课程指导纲要》指出,综合实践活动课程主要分为四大类:考察探究类课程、社会服务类课程、设计制作类课程、职业体验类课程。如何为乡村教师设计与开发综合实践活动提供具体范例,使其可以适当选择当地乡土资源,开发具有当地特色的综合实践课程,一直是乡村学校综合实践活动课程设计面临的现实问题。

　　乡土资源包括学校所在地区的自然生态和文化生态两个方面的资源,其中包括乡土地理、民风习俗、传统文化、生产和生活经验等。乡土资源形式多样,内容丰富,总的来说,可分为自然地理资源、人文历史资源和社会发展资源等。通过调查研究,小学生对乡土地理、民族风俗、传统文化、社会实践这四大类乡土资源具有特别浓厚的学习兴趣。乡村是综合实践活动的天然"宝库",身边随处可见的花草树木、山川河流等都是丰富的学习资源。但许多乡村教师却未能认识到这些宝贵的学习资源,盲目攀比城市学校,自叹"硬件不足,场地缺乏,没有好的活动主题",殊不知,利用好当地的乡土资源,可以设计出适合当地学生的综合实践活动课程,具体路径如下,见图9-1。

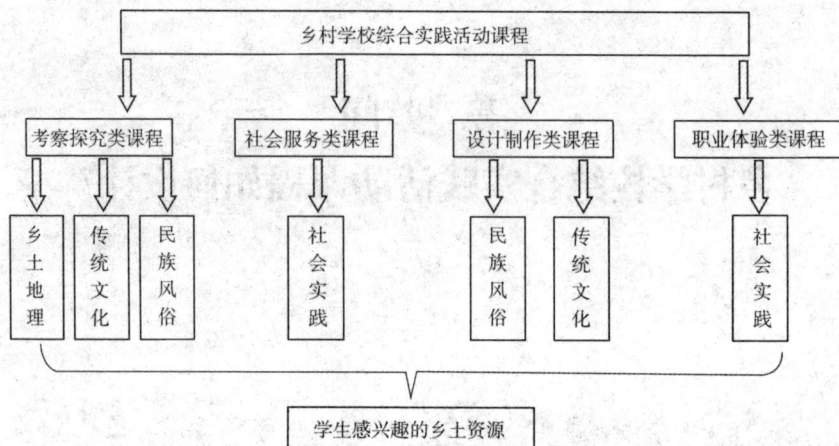

图9-1 乡村学校综合实践活动课程路径

一、考察探究类课程的设计

考察探究类课程大都充分珍视乡土地理环境、民族风俗资源,在有着乡土实践基地保障的基础上,对富有趣味性、迫切想研究的问题进行探究与实践。在设计的时候首先要选好探究的主题,并且设计好整个系列考察活动,调查表等运用十分重要。这类课程在设计时,评价往往是以学生的发现、体悟为主。该类综合实践活动课程设计时更应该注重团队活动的设计。崇贤第一小学《舌尖上的家乡文化》是考察探究类课程的范例。

案例9—1 余杭区崇贤第一小学"舌尖上的家乡文化"

(一)"舌尖上的家乡文化"课程理念

崇贤孕育了有着丰富内涵的贤文化:"土灶锅糍"庆贺新生;"烘青豆茶"款待贵客;"清明螺蛳"增添智慧……闻名中外的"三家村藕粉"更是最好的典范——孝子化身,也是崇贤非物质文化遗产的瑰宝。可当今崇贤的孩子对传统文化的丰富内涵知者寥寥,作为世代生息在这块土地上的学生,不仅要有兴趣了解本土资源,更要担负起传承本土文化的重任。这部分文化简单、有趣、易懂,孩子们能够有充分的实践机会,这里有着底蕴深厚的"贤文化"的实践基地,如"三家村藕粉""烘青豆茶""土灶锅糍"……许多教师及家人、学生家人都有相应的专长,他们通过从自己熟悉的、拿手的、喜欢的方面参与课程的开发与实施,保证这部分文化的"原汁原味"。

(二)"舌尖上的家乡文化"课程目标

帮助学生了解家乡的美食,体验美食的制作过程,探究美食背后所蕴含的特有的地域文化。通过"查阅""调查""采访""观察""探究""操作""制作""传承"的学习过程,引导学生在活动过程中实现课程的发展价值,提高学生对家乡美食、文化、自然之间内在联系的整体认识,发展学生的合作能力、探究能力、社会责任感以及学生良好的个性品质,增强学生热爱家乡的情感,见证技艺的传承。

(三)"舌尖上的家乡文化"课程内容

为了落实课程目标,特开设了三个篇章,具体内容如下:

篇章	内容与实施		预期目标	实施建议
茶点篇	第一章 三家村藕粉 	1. 提前布置找寻三家村藕粉的历史及制作技艺,课堂交流。 2. 实践动手操作藕粉的冲泡过程。	了解三家村藕粉的悠久历史,认识三家村藕粉制作讲究和冲泡讲究,探索三家村的传说故事,感受莲藕中蕴含的"孝"之美德,理解其返璞归真的意义所在。	1. 学生借助现代化的手段分工查找相关风俗资料,汇总后全班交流。 2. 给予学生实践操作的机会,体会其中的技巧。

篇章	内容与实施		预期目标	实施建议
茶点篇	第二章 烘青豆茶的炝制 	1.准备材料,学生观、闻、品,经历冲泡的过程。 2.布置任务,学生查找资料,探寻烘青豆茶的历史。	认识烘青豆茶的材料及其制作过程和冲泡过程,感悟烘青豆茶背后的"茶文化"和农村淳朴热情的"邻里文化",为烘青豆茶的商业化寻找出路。	
	第三章 野炊——豌豆糯米饭 	1.了解豌豆糯米饭的传说及制作过程、方法。 2.经历糯米饭的制作过程,体验其中的艰辛与快乐。	聆听豌豆糯米饭的文化故事,知道豌豆糯米饭的制作方法,小组合作搭露天灶煮豌豆糯米饭,体会合作的快乐。	1.学生借助现代化的手段分工查找相关风俗资料,汇总后全班交流。 2.给予学生实践操作的机会,体会其中的技巧。
	第四章 土灶锅糍 	1.收集锅糍的故事、来历及制作方法、过程等。 2.经历锅糍制作工序,体验其中的艰辛与快乐,品尝美味,感受古代劳动人民的智慧。	实地考察土灶锅糍的制作方法,理解土灶锅糍蕴含的文化内涵,亲手制作一份DIY锅糍。	

续　表

篇章	内容与实施		预期目标	实施建议
茶点篇	第五章 乌米饭 	1. 收集乌米饭的来历及制作材料与方法。 2. 经历乌米饭的制作过程，品尝美味及成果的喜悦。	寻找乌米饭的故事及制作的材料、方法；亲身经历制作过程，品尝乌米饭的香甜，感受其美好祝愿。	1. 学生借助现代化的手段分工查找相关风俗资料，汇总后全班交流。 2. 给予学生实践操作的机会，体会其中的技巧。
	第六章 青圆子 	1. 收集青圆子的用途、品种及所含的寓意，了解制作材料及方法。 2. 经历青圆子的制作过程，品尝美味。	了解青圆子的品种及一般用途以及所寓意的美好期待；知道青圆子的制作材料、工艺、方法等；体验制作的乐趣，品尝美味，感受其对希望的美好期盼。	
物产篇	第一章 崇贤茭白 	1. 认识茭白的生长环境及生长过程，了解其经济价值及营养价值。 2. 体验收割茭白的艰辛。	知道茭白的生长环境和生长过程及营养和经济价值。 通过体验收割茭白，了解劳动的艰辛。通过调查访问，了解茭白的价格及为茭白的价格波动出谋划策。	1. 学生通过查找资料、询问农民等方法了解各种农作物的生长环境及生长过程。 2. 在丰收的季节组织学生体验收获的过程。
	第二章 崇贤慈姑 	1. 认识慈姑的生长环境及生长过程，了解经济价值及营养价值。 2. 体验摸慈姑的艰辛。	调查慈姑的生长环境和生长过程及营养和经济价值。 实践体验，亲身感受劳动的艰辛。通过调查访问，了解慈姑的价格及为慈姑的价格波动出谋划策，为老百姓增收。	

续 表

篇章	内容与实施		预期目标	实施建议
物产篇	第三章 荸荠大红袍 	1.认识荸荠的生长环境及生长过程,了解其经济价值、营养价值及相关的传说故事。 2.体验摸荸荠的艰辛。	知道荸荠的生长环境、生长过程及营养和经济价值。 通过体验,了解劳动的艰辛。通过调查访问,了解荸荠的价格及为荸荠的升值开发出谋划策,为老百姓增收。	1.学生通过查找资料、询问农民等方法了解各种农作物的生长环境及生长过程。 2.在丰收的季节组织学生体验收获的过程。
名菜篇	第一章 崇贤蹄髈 	1.查资料交流蹄髈的来历以及崇贤蹄髈味道鲜美之所在。 2.观看厨师制作蹄髈的过程,品尝蹄髈。	学习观察制作蹄髈的主要步骤,了解崇贤蹄髈背后蕴含的文化故事,能为推广崇贤蹄髈献计献策。	1.学生观看两者的制作过程,品尝其美味。 2.学生通过查找资料等方式,探寻各自的历史渊源,全班交流。
	第二章 清明螺蛳 	1.探寻清明吃螺蛳的历史典故。 2.经历清明螺蛳的传统制作过程,品尝其美味。	探寻清明吃螺蛳的历史渊源及制作方式,品尝其美味,感受古代劳动人民辛勤劳动的美好品德。	

二、社会服务类课程的设计

社会服务类课程更多地取材于社会生活与社会实践资源,与社会机构、

社会环境密不可分。这类综合实践活动课程往往与学校周边社会组织机构紧密联系,最大的特点便是提升学生的社会责任感,在社会实践活动中走出校园,更多地参与到社会活动中。该类综合实践活动课程在设计时要选择合适的社会机构进行对接,为学生提供良好的社会实践环境,还要重视团队的分工与配合,往往是家校联动的形式进行开展。余杭区塘栖中心学校开发的"运河小卫队"课程为社会服务类课程提供了典范。

案例9—2　余杭区塘栖中心学校"运河小卫队"

(一)"运河小卫队"课程理念

通过组建不同任务的活动小组,开展清洁宣传保卫运河的活动。观测组从运河沿岸、运河水样、运河淤泥发现问题;实验组对水样、河泥进行对比,并进行实验,探索运河水质差的根源;创想组提出法律严惩、增加设备、多加宣传的方案;采访组将方案带往镇政府,获得好评,并了解政府的举措;宣传组通过宣传单、勤劳打扫、书画宣传的形式进行"爱我运河"的推广。

(二)"运河小卫队"课程目标

提高孩子的实践能力、交往能力。"五水共治"现在是我们社会的一个重要课题,受到社会关注,且参与的人员多,因此"运河小卫队"活动的展开,可以满足队员的内心需求。利用特有的地域资源和条件,组织"小卫队",养成护河的行为习惯,增强环保意识。

(三)"运河小卫队"课程内容

1."运河小卫队"的招募

学校在进行"运河小卫队"招募的过程中,秉承着"每位队员都可参加"的理念,在招募的过程中全校发动,使知晓率达到百分之百。让每位队员了解"运河小卫队"的精神以及任务和活动时间、活动地点等,明白"小卫队"的积极作用,鼓励队员在课余时间充实自己、锻炼自己。不仅如此,还发放告家长书,以便得到家长的同意和支持,从而更好地开展"运河小卫队"活动。

2. "运河小卫队"的组建

"运河小卫队"设队长、副队长，并设有"运河小卫队观测组""运河小卫队采访组""运河小卫队实验组""运河小卫队宣传组""运河小卫队创想组"等。每组规定组长一人，副组长两人。"运河小卫队"的组建并非一件容易的事，因为参与人员众多，活动时事关学生的安全，所以老师必须加入其中，成为小组指导员。队长、副队长、组长、副组长由民主推选，并建立制度。活动也可邀请家长参与，完成队员家长通信录，保证每一小组队员能及时联系到，确保活动的实效性。

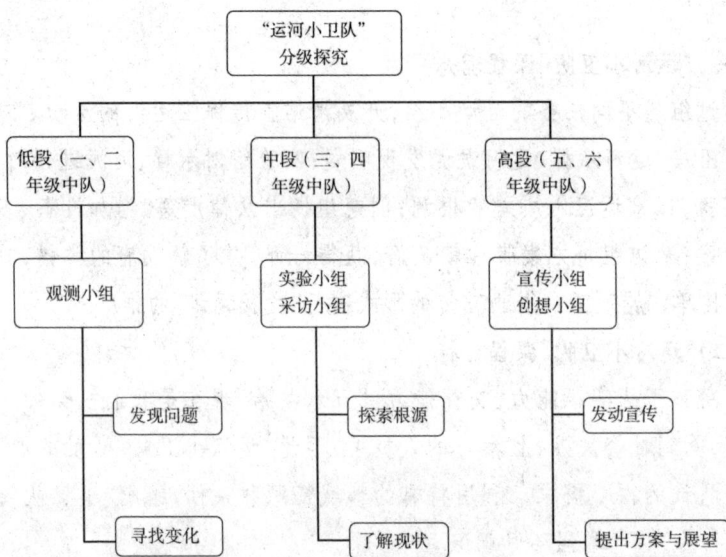

图9-2 "运河小卫队"分级探究

3. "运河小卫队"的培训

"运河小卫队"的队员不仅需要满腔热忱，还要在活动时讲文明礼貌，有组织有纪律，维护学校的公共形象。所以在参加"运河小卫队"前我们会开展专项培训，邀请富有经验的队员给新队员们进行培训指导。通过骨干力量讲述实践活动时的故事等方法，让新队员更为真实地明白自己的职责，激发队员们的热情。

　　"运河小卫队"的实施需要小卫队各个小组的通力合作,活动前需要由队长进行周密设计,基本活动流程如下图(每种色彩代表每个小组)。

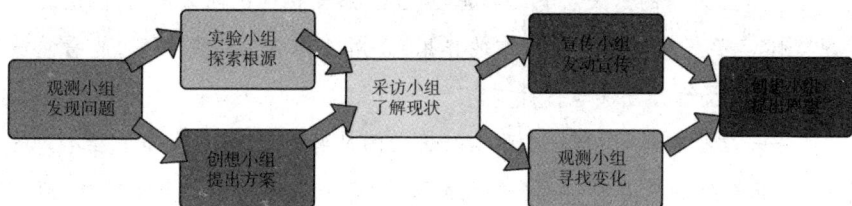

图9-3　"运河小卫队"活动流程

三、设计制作类课程的设计

　　设计制作类课程往往取材于民族风俗、传统文化类乡土资源,或是传承当地非物质文化,抑或是传统工艺的再创造。该类综合实践活动课程在设计时,要利用好设计制作的本土手工艺资源,并将其分步与简化,变成小学生容易制作展示的课程。课程内容可以分年段进行有梯度的安排,并结合学生生活进行设计制作,还要为学生搭建展示的平台。崇贤第一小学的"巧手生花"课程便是设计制作类综合实践活动课很好的代表。

案例9—3　余杭区崇贤第一小学"巧手生花"

(一)"巧手生花"课程理念

　　2004年,崇贤一小结合"家纺与刺绣"这一崇贤地方特色,将"巧手生花——手工编织艺术"这一综合实践活动课程的开发与学校特色的创建整合起来,使手工编织艺术的触角不断延伸到社会实践和校园文化建设中。

　　"巧手生花——立体绣传统编织工艺制作"是将"家纺与刺绣"这一崇贤地方特色,与我校校本课程开发、学校特色创建相结合而成。它主要是通过塑料网格板和各种线,引导学生制作平面和立体作品的一门具有地方特色的课程,也是一门重点培养学生的动手操作能力、创新制作能力,同时也培养孩子耐心、细心、恒心的良好学习习惯的校本课程。

(二)"巧手生花"课程目标

1.了解立体绣的意义及它的起源与文化,感受祖国民间艺术的魅力,激发爱国情怀。了解其作品在生活中的作用,了解立体绣的绣制原理,能看懂操作示意图,以及行针方法与行针方向。

2.培养学生在学习中细心、耐心与恒心的良好品质,养成做事一丝不苟的态度,培养学生的敬业精神;培养经济意识、审美意识和团结合作精神,废弃物品的利用,增强学生的环保理念。根据学生各年段不同的特点,特制定以下三个不同年段教学目标:

(1)低段教学目标(2年级)

认识并学会使用立体绣的工具与材料,初步学会斜针、直针两种针法,通过看看、学学、做做,学会简单的平面作品绣制,体会动手操作的乐趣。用不同色彩的毛线,尝试作品图案的组合和装饰,体验设计绣制活动的乐趣。观赏生活中的美好事物,欣赏立体绣作品的形状与色彩,能用简短的话语表达自己的感受。利用学过的绣制技巧进行有主题作品的想象、设计与绣制。

(2)中段教学目标(3—4年级)

熟练使用立体绣工具与材料,在绣制中熟练斜短针、斜中长针、斜长针、直短针、直中长针、直长针的绣法,掌握正确的绣制技巧。通过看看、学学、做做,熟练掌握各种平面作品的针法组合与绣制方法。初步学会立体作品板材的排料与裁剪方法、作品的绣制与缝合方法,在作品的绣制中体会成功的喜悦。初步了解各种针法搭配的方法,并用图样的形式进行简单的作品设计,发展想象力和创造力。

(3)高段教学目标(5—6年级)

熟练使用立体绣工具与材料,掌握正确的绣制技巧。初步了解色彩搭配原理。在作品绣制前能合理排料、正确裁剪,在作品绣制中熟练掌握各种针法的组合,正确行针、正确缝合。在作品的绣制中发展构思与创作能力,在作品中传递自己的思想与情感。体会独立完成自己创作绣制作品的喜悦。熟练掌握各种针法搭配的方法,并用图样的形式进行作品设计,发展想象力和创造力。

(三)"巧手生花"课程内容

1.课程内容的架构

依据不同年段学生的心理特点,基于教学目标的设定,架构各年段教学内容如下:

年段	单元内容(第一学期)	单元内容(第二学期)
低段	认识立体绣、工具、材料、方法,简单的平面作品编织 主题一　初步了解立体绣 认识材料和工具、穿针引线、正确数格剪板材、学习绣各种针法 主题二　旋转的风车杯垫 看图学绣风车、色彩搭配、学斜针绣对角、缝合美化杯垫 主题三　漂亮的热带鱼 学斜针,学装饰,美化热带鱼。学设计,创意热带鱼 主题四　幸运三叶草 数格绣叶片、看图绣叶茎、填色绣底色、杯垫的缝合	主题一　卡通回形针 学剪卡通图形、学绣小猫头像、绣眼睛与胡须、回形针的固定、郁金香餐具袋、小格子钱包 主题二　郁金香餐具袋 看图剪塑料板、绣郁金香叶子、绣郁金香花朵、餐具袋的缝合 主题三　小格子钱包 剪板学针法、单色绣方格、双色交错绣、钱包的缝合
中段	学习立体绣各种缝合、装饰技巧,完成简单的立体绣作品编织 主题一　可爱的草莓杯垫 内框定位绣、数格绣草莓、两色绣花边、缝合的技巧 主题二　形态各异的小书签 苹果书签的剪裁、分色缝合的技巧 主题三　小小鼠标垫 图案的设计、图案的完善、图案的绣制、鼠标垫缝合	主题一　实用小卡套 剪裁塑料板和图案设计、绣中心主要图案 绣上下边框、绣底色与缝合 主题二　小小收纳盒 剪裁塑料板、不同的彩格、双色绣彩格 主题三　立体缝合技巧 立体缝合欣赏、边与边的缝合、边与底的缝合、边口的缝合

年段	单元内容(第一学期)	单元内容(第二学期)
高段	学习复杂的立体绣作品设计、编织、装饰技巧,完成作品,进行展评 主题一　玫瑰花工艺相框 欣赏与剪裁、框面的绣制、绣玫瑰花瓣、花瓣的组合、固定与缝合、展示与评价 主题二　方形纸巾盒 欣赏与外形设计、剪裁与图案设计、分片绣制主图案、打底针法的绣制、四条边的缝合、边与上底的缝合、边与下底的缝合	主题一　漂亮的篮子 形状的设计与剪裁、图案的设计与配色、主图案针法与绣制、底色的针法与绣制、篮柄的绣制与固定、篮子的包边与缝合 主题二　封闭式收纳盒 欣赏与选择、剪裁与设计、图案与绣制(1)(2)、底色的针法、上盖的缝合、下底的缝合

2.课程教学内容范例

创设情景　激趣导入

《漂亮的热带鱼》这一课,上课伊始,我就创设了如下情景:视频播放:巧虎视频——漂亮的热带鱼在大海里游来游去,激发学生兴趣。

师:回答看到了什么?

生(齐):热带鱼。

从而引出课题——漂亮的热带鱼。一条鱼就挂在了黑板上,吸引学生,改变语数等学科课题粉笔字。体现了校本学科的特点。这一设计意在赋予教材以生活的气息,让学生切身感受"美"就在身边,激发学生强烈的求知欲。

课后延伸　佳作欣赏　愉快结束

《漂亮的热带鱼》这一课结尾出示绣品实物热带鱼,连成一串,似壁挂、似风铃。

让学生把绣好的作品用大头针钉在深海KT板上,中间放一绣好的、大的、五颜六色的、形状与今天所学的不同的热带鱼。(鼓励孩子以后也能绣出更漂亮的热带鱼)

四、职业体验类课程的设计

综合实践活动课程中的"职业体验"是以体验式学习过程为基础,并与职业生活息息相关的一种活动方式。体验式学习可以说是人类最初的学习方法,也是最基本的学习方法。在人们认识并改造自然的过程中,在亲历的行动中,实际上都在使用"体验"这种方式进行学习。职业体验类课程大多取材于社会实践、乡土地理两种乡土资源,以余杭区长命中心小学"良渚遗址小导游课程"为例。

案例9—4　余杭区长命中心小学"良渚遗址小导游课程"

(一)课程理念

"一方水土养一方人",育好一方人就要用好一方土,在综合实践活动课程开发中,"良渚遗址小导游课程"有效利用身边的本土资源,以"良渚遗址申遗"为契机,基于培养学生综合素养,达到激发学生热爱家乡、了解家乡、宣传家乡的目的。

(二)课程目标

1.通过本课题的研究,提升学生综合素养,培养了解家乡、热爱家乡的感情。

2.通过本课题的研究,提高学生综合能力,培养人际交往能力、语言表达能力及职业技能、导游技能。

3.通过本课题的研究,提升教师课程开发能力。

4.通过本课题的探索实践及其成果的推广应用,宣传学校、宣传家乡,为"良渚申遗"助力。

(三)课程内容

1.实施年段:课题实施目前只限定在中高段四、五年级,对学生进行导游的基本培训。

2.活动时间:每周四下午1:00—3:30,排入学校总课表。

3.活动内容:

课内:设计了学习导游基本礼仪、设计一句广告语、写一写导游词等活动。

课外:到景区里跟着专业导游学习带团、当好小小讲解员、组织学生在景区里向游客宣传"申遗"活动及推销家乡特产。

课内:学导共建

学习导游基本技能	学习良渚文化史	学习为景点设计广告
详尽了解良渚文化	(五学一讲)	学习为景点设计广告语
学习设计导游词	各类演讲及模拟导游竞赛	

课外：当一次小小讲解员
安排一次导游行程并在老师带领下真正带一次团
做好"申遗"宣传　　（当好"四个一"）
当一次"申遗"宣传员　　当一次家乡特产推销员

　　综合实践活动课程的设计可以根据四大类课程即"考察探究类课程、社会服务类课程、设计制作类课程、职业体验类课程"，有选择地进行设计，利用好当地的乡土资源进行开发，更贴近学生生活，容易实施与评价，且实践性强。

作者：黄伟红　朱鸣竹
杭州市余杭区崇贤第一小学

第 **10** 问
乡村学校特色课程群如何设计?

　　"特色课程"是学校提供给学生的拓展性学习内容,是在国家课程标准指导下,基于学校所处地域特色,基于本校教师的专业特长,基于学生多元发展的需要,增加的选修课程。《浙江省教育厅关于深化义务教育课程改革的指导意见》中规定,小学每学年拓展性课程课时占总课时15%左右。为了达到指导意见中的数量和比例,很多学校开设了从生活技能、学科拓展到实践活动的诸多课程,却缺少整体的安排。一方面,课程过多,过于随意,导致课程的"碎片化"问题;另一方面,各年段、各学期之间缺少整体设计,课程往往在同一维度上重复,或者课程没有递进,导致课程群的"平面化"问题。

　　课程群是指内容联系紧密、内在逻辑性强、属于同一培养范畴的一类课程。课程群的构成一般由属于同类的3门以上课程组成,各课程的教学内容虽相对独立,但课程与课程之间紧密关联,各门课程的实践环节或技能培养是连贯的、递进的。乡村学校的特色课程群的设计以乡土资源中原汁原味,具有"原生态"的标志性、符号意义的文化场为学习内容,充分挖掘、提炼自然、社会、历史、人文、建筑、特产等课程资源,以创意与创新为路径设计,引导学生通过实践体验、自主学习等活动,形成对特色课程内容的参与、实践和创意表现,从而生发浓厚的乡土情怀和文化自信,提高学生综合素养。这就需要学校顶层理念的设计,将现有的单线拓展课程综合起来,形成一个系统化、多样化的课程群落。根据区域内乡村学校特色课程群的实施,笔者主要梳理了以下四个类型的特色课程群。

一、基于育人目标的特色课程群设计

教育的终极目标是将一个"自然人"培养成一个"社会人",一个可行的课程群是基于一个已形成共识的课程发展愿景来建设的。这种愿景根植于学校的教育理想和深层次的价值源泉,也即育人目标。基于育人目标的特色课程群设计,首先,应该是有明确的育人目标定位,未来基础教育的顶层理念就是强化学生的核心素养,其综合表现为人文底蕴、科学精神、学会学习、健康生活、责任担当、实践创新六大素养,育人目标应着眼于这六大素养。其次,在目标导向下,架构既相对独立又有联系的课程群,致力于让学生在学校中能找到自己喜欢的课程,找到适合自己的课程,找到能展示自己的课程。最后,在课程内容的选择上,突出课程的兴趣性、活动性、层次性和选择性,满足学生的个性化学习需求。

案例10—1 余杭区塘栖镇第一小学"栖溪"特色课程群

(一)育人目标的定位

塘栖一小源于1896年的"栖溪讲舍",注重传承"栖溪讲舍"百年文脉,注重传承"栖溪讲舍"的求真精神,以培养新一代"栖溪少年"为己任,结合学校的实际,对核心素养进行了校本化理解和解读,提出了"栖溪"课程群的育人目标——培养"求知、尚美、笃行"的"栖溪少年",使之具备五种特质:探求知识的品质、崇尚健康的体质、追求艺术的气质、勇于创新的素质、专注做事的特质(见图10-1)。

(二)课程群的架构

基于课程培育目标,"栖溪"特色课程群设置栖韵艺术、栖行实践、栖心德育课程三大类。栖韵艺术课程含"水墨栖溪""乡心书法""栖韵琴趣"三个子课程,是以国家课程为蓝本,结合教师自身教学特长,通过自主创新,形成自己的教学方式,丰富基础性课程的内容,拓宽学生的学习领域而设置的课程。栖行实践课程整合学校各类活动,多以"项目、主题模块和活动"的形式实施教学,分为"边走边看"拓展课程、"邮声邮色"探究课程、"印象塘栖"实践课程、"挑战自我"体验课程四个模块,每个模块六个活动内容,共二十四项活动单元,也称

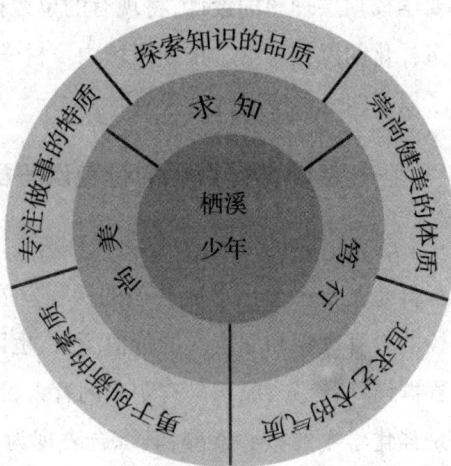

图10-1 "栖溪"课程群育人目标

"求真二十四季"课程。栖心德育课程含"十大好习惯""毅30.初挑战""五级声音微课程"三个子课程,涵盖学校行规养成教育内容。

（三）课程内容的选择

课程实施的对象是学生,由于学生年龄和动态的发展水平,领悟接受能力也不尽相同。因此课程的设置应根据年级培养目标和学生身心发展规律,设计螺旋式课程,在依次演进的每一年段、每一主题、每一阶段课程中搭建从易到难、由简单到复杂的螺旋上升的阶梯,引领学生逐级而上,获得属于自己的发展。学校通过拓展重组、自行设计、活动课程化三种途径构建栖韵艺术课程、栖心德育课程、栖行实践课程的内容,以达到"求知、尚美、笃行"三类育人目标,形成独特的栖溪特色课程群。

二、基于文化传承的特色课程群设计

文化是一个地方最根本的标志,承载着人类的生命记忆,是一个民族的"根"文化。基于文化传承的特色课程群的价值追求,就是在保护和传承文化的基础上,深入挖掘和阐释文化深层价值理念及其现代意义,立足于实践,把

跨越时空、富有永恒魅力、具有当代价值的文化精神弘扬起来,激发学生对家乡的归属感和责任感,增强对家乡文化的认同感和自信感,实现文化育人。基于文化传承的特色课程群的建设,首先,应是对特色文化的梳理,从课程目标出发,遵循就近、原生态、易学、具有代表性的原则选择和取舍课程资源。其次,课程结构上点面结合,在横向平面上,每个课程系列中分别开设不同的课程群,每个课程群中都开设若干课程;在纵向层级上,各课程群分别由基础类、个性类、研究类课程组成。最后,在课程内容的安排上,确保了整个课程体系遵循基础性(为学生发展提供课程基础)、选择性(为学生发展提供课程选择、层次选择、个体性选择)和综合性(为学生发展对课程进行综合,结构整合、跨域融通等)的原则。

案例10—2　建德市寿昌中学
"基于非遗文化传承特色课程群的实施创新"

(一)特色文化的梳理

"寻梦非遗"特色课程群对课程资源的梳理主要通过"三走访、五记录"。三走访指:①走访相关文化部门或文化员;②寻访当地长辈,询问传统文化信息;③采访非遗传承人。五记录指:①了解记录非遗信息;②选择某一项非遗,全面记录其普及状况、历史渊源、传承现状等;③了解记录当地的民风、民

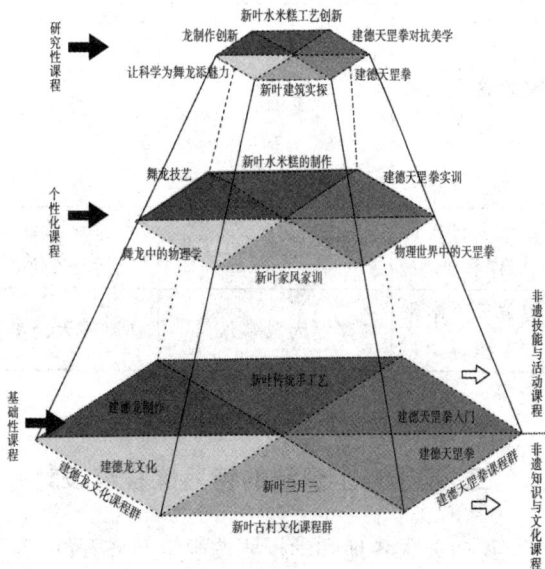

图10-2　"寻梦非遗"特色课程群结构框架

俗,文化信息;④记录当地的民歌、民谣、典故、传说;⑤记录民间生产工艺等(见图10-2)。

(二)课群结构

非遗课程群的开发融合学校"和美教育——和在自然,美在超越"的办学理念,结合学校打造具有乡土特色的现代农村高中的办学目标。在课程结构上,两条腿走路,重点勾画非遗知识与文化课程、非遗技能与活动课程两大系列。

(三)课程内容的选择

非遗项目特色课程群是以列入省市县非物质文化遗产名录的非遗项目为核心,以非遗项目延伸拓展的关联课程为微课程,从而形成若干门在才艺技能、文化素养等方面彼此独立而又有逻辑关系的系列课程的课程群落。从基础课程到个性化课程再到研究性课程,从传承到创新,拾级而上,见表10-1。

表10-1 非遗技能与活动课程科目设计

领域＼层次	基础性课程	个性化课程	研究性课程
建德龙文化课程群	"龙制作"	"舞龙技艺"	"龙制作创新""建德龙图案的艺术创新""舞龙中的舞蹈艺术和创新"
新叶古村文化课程群	"新叶传统手工艺"	"新叶水米糕的制作""新叶土曲酒的制作"	"新叶水米糕的工艺创新"
建德天罡拳课程群	"建德天罡拳入门"	"建德天罡拳实训"	"建德天罡拳对抗元素"

三、基于乡土资源的特色课程群设计

课改要求各地和学校要按规定开齐开好基础性课程,并积极探索拓展性课程的开发、实施、评价和共享机制,体现地域和学校特色,突出拓展性课程的兴趣性、活动性、层次性和选择性,满足学生的个性化学习需求。基于乡土资源的课程设计,首先,挖掘乡村独特的地理环境和人文资源,让它成为课程开发不竭的资源库。对这些资源进行梳理,充分考虑学生的兴趣和需要,与校园文化相结合,精选出适合学校、适合学生表现和传达的课程资源。其次,课程体系的建构应根据年段特点和学生发展规律,设计系列化主题,将课程内容串成一条螺旋上升的线,年段之间形成一定的梯度,从而形成自下而上、从易到难的学习体系。最后,在课程内容的安排上,按照主题板块,更好地促进孩子深入体验生活、观察自然和探究学习,培育学生乡土情怀、社会责任意识和创新意识。

案例10—3　杭州市西溪小学"'六园·六卡'西溪特色课程"

(一)课程资源挖掘

课题组不仅从西溪湿地国家公园、西溪湿地博物馆进行资源考察,收集整合资源,构建西溪特色课程资源库,还从50本各类有关西溪地域文化的书籍中找材料;不仅组内、组间资源共享,还发动全校的学生、家长以及社会力量,参与到教材资源的收集中来。最后将这些收集的乡土资源进一步系统化,进行了六园内容的挖掘和西溪地方资源收集与统整,最终编制成了《我与西溪》教材(见表10-2)。

表10-2　六园课程之《我与西溪》教材内容

育人定位	关键素养	六园课程	课程资源
做社会的人	敦厚仁爱	人文园	西溪的历史、西溪的名人
		传承园	西溪非物质文化遗产
做丰富的人	闲情雅致	民俗园	西溪节日习俗
		美食园	西溪特色小吃
做快乐的人	快乐丰富	生态园	湿地形成和生态环境
		物产园	西溪的农业、渔业、手工业

（二）课程体系建构

"六园·六卡"西溪特色课程群内容贯穿于学生社会、生活、自然三个层面,根据不同的西溪地域资源设计不同的主题,分年级由易到难、由具体到抽象,逐级掌握,循序渐进。通过文献调查研究、课程架构与教学实践,以实际行动研究得出具体内容(见图10-3)。

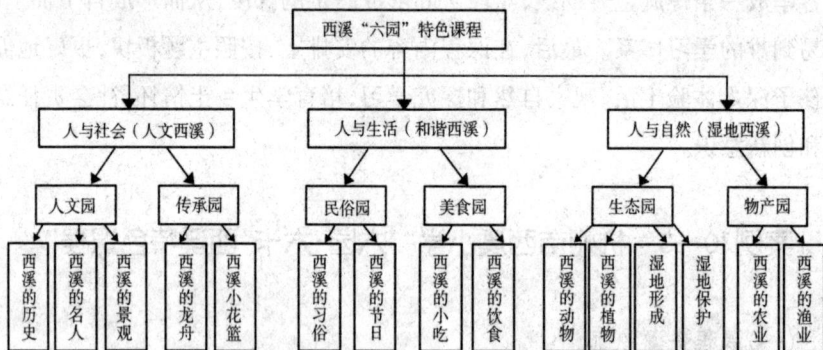

图10-3 "六园"特色课程群架构

（三）课程内容选择

利用"西溪湿地"独有的资源,整合西溪的地理、历史、生态、物产、民生、民俗、名人、诗画、旅游等相关内容,围绕"人与社会(人文西溪)""人与生活(和谐西溪)"和"人与自然(湿地西溪)"与做人、生活、学习三个对应维度分年级制定主题,构建3—6年级"人文园、传承园、民俗园、美食园、生态园、物产园"六园课程,每个园中又有几个小主题,分别安排在不同的年级中,梯度发展。

四、基于学习方式的特色课程群设计

特色课程对开阔学生视野,拓展知识储备,促进学生的全面发展具有不可替代的独特的价值。乡村学校的特色课程建设不仅仅是根植于"家乡文脉"和"土地情结",也要关注学生的学习方式。首先,特色课程是属于活动课程的范畴,选择的学习方式应体现进阶性、跨学科、综合性、研究性、生活性和实践性等特征。强调学生的自主学习,多种感官参与学习获得,综合运用所学知识,更注重培养学生的实践能力、创新精神。其次,对课程进行项目设计,让学生面对一个个真实的问题情景,运用场景式体验、项目式探究、多学科融合等新型学习方式开展课程学习,引领孩子一起把学到的知识与解决现实生活中的问题结合在一起,从而发展孩子们的个性、特长和爱好。最后,学生学习的内容应该是综合开放的,突破课堂学习的约束,注重参观、寻访、调查、辩论等多维学习方式,注重多样化选择,个性化所得。

案例10—4 桐庐县横村小学
"基于开心农场推行'项目式学习'的设计与实践"

(一)学习方式选择

品质养成需要"知、情、意、行"的和谐统一,品质提升的目的是真、善、美的协调发展。"项目式学习"突出"重实践,重体验,重感悟"的特质,引导孩子回归生活。"开心农场"特色课程群选择以项目式学习推进课程实施,通过最为熟悉的"菜地"体验"农村、农民、农活",了解每天食用的瓜果蔬菜,探索蔬菜生长的进程变化。当他们经历体察、思考、探究和感悟的时候,已内化为人生经验、阅历,有利于促进孩子们对田园、土地、家乡和自我之内在联系的整体认识与体验,发展孩子们的劳动技能、实践能力及故土情结,促进自身社会化需要的情怀。

(二)课程项目设计

课题组顶层设计"开心农场"项目式学习,精准定位"小农场·大天地"项目内容,构建项目式学习资源结构,统筹"开心农场"课程,保障"项目式学习"时间,创新"项目式学习"设计,实现课程实施(见表10-3)。

表10-3 "开心农场"课程项目设置

课程单元	单元项目	项目内容
希望的3、4月	春天的播种	1.新年之后,"开心农场"启动仪式,让每一个孩子走进开心农场,走入播种的季节,走向春天的世界; 2.在指导老师的带领下,各班按已划分的区域和老师一起"选择品种、翻土播种、间苗施肥、锄草除虫"等项目的体验活动,体验农村、农民、农活。
激情的5、6月	瓜果蔬菜成长密码	1.通过"微项目学习"破解"瓜果蔬菜成长密码",系统设计"走进农场,引入项目,分组体验"等程序; 2.成立"蔬菜的种类,种植方法,病虫危害与防治,市场价格,营养成分,烹饪方法"等项目学习组,关注瓜果蔬菜的生命历程的研究课题,解开其"成长密码"。
金色的9、10月	开心农场特色秀	1.校区开展"特色秀"项目活动,发展孩子的个性,给孩子们提供展现各自个性的舞台; 2.用"食文化"中的精神领域来设置各项"特色章",激起孩子们的奋进意识,以榜样引领来带动孩子们的提升; 3.借助"项目式学习"方式,有的放矢地挖掘"食文化"的内涵,丰富并提升孩子们的内心感受、感悟,从而真正了解"食文化"的内涵和意蕴。
收获的11、12月	开心农场伴我成长	1.通过"拍一张活动照片,编一期黑板报,说一句活动感言,写一篇体验作文,呼一句宣传口号"的"开心农场伴我成长"的"五个一"活动形式,引导师生用文字抒写感悟,见证自己的成长; 2.通过写"开心农场"、写家乡的特产、写家乡的人和事来表达对校园、对家乡的热爱,培养孩子们热爱土地、热爱家乡的情感。

(三)课程内容选择

低年级孩子的项目式学习以"开心农场"为主体,经指导老师的帮助、指导,结合教材和"食韵"校本课程,通过浅近的"以农为主"的观察、学习、练习和实践,初步认识、辨认各种瓜果蔬菜的名称及其种植的时间、概念、资源和基本要求、应用技能,渗透热爱劳动、尊重劳动果实的情感、态度。高年级孩子在基于"小农场·大天地"的"项目式学习"情境中,通过系统创设相应的"项目式学习课程超市",让孩子根据"项目学习"规程自主选择或发现、提出需要学习或研究的真实问题,突出"以农为主"的浅近"科学研究"的方式获取知识、应用知识、解决复杂和真实的问题的学习活动,简单掌握粗浅的劳动技能,初步形成尊重劳动果实、热爱劳动的行为习惯,进而具有"家乡文脉、土地情结"的情感。

作者:丁芳娣

杭州市余杭区塘栖镇第一小学

第三编　校本课程的实施

第 11 问
乡村学校特色课程实施的基本流程是怎样的?

乡村学校特色课程实施的基本流程可以理解为学校特色课程实施中的各个组成要素之间相互联系、相互作用的工作程序,总体上包含四个环节,分别是课程设计、资源组织、课程教学及课程评价,并且这四个环节是循环往复、逐层推进的。而一个科学合理的工作程序则是保障学校特色课程发展与实施的关键所在,是保证学校特色课程科学实施的重要基础。那么,如何让乡村学校特色课程的实施更加规范和有效? 怎样来明晰整个实施基本流程的具体操作呢?

学校特色课程的实施是课程从理念走向文本、从文本向实践转换的重要环节,事关课程目标落实。[①]但事实上,很多乡村学校并不清楚特色课程实施的基本流程是怎样的。在我们看来,实施的流程可以理解为学校特色课程实施中的各个组成要素之间相互联系、相互作用的工作程序。而一个科学合理的工作程序则是保障学校特色课程发展与实施的关键所在,是保证学校特色课程科学实施的重要基础。乡村学校特色课程的实施一般包括以下几个环节(见图11-1)。

---

① 林德全,徐秀华.课程关键词[M].北京:科学出版社,2018.

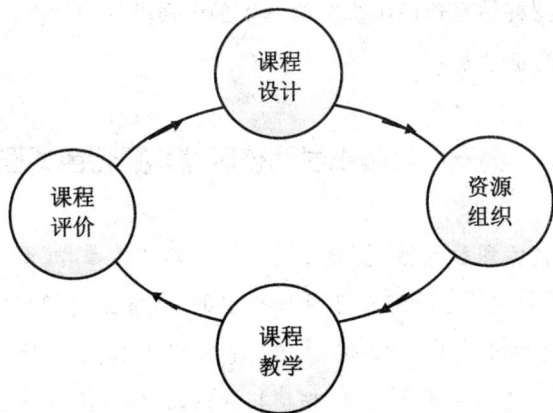

图11-1　乡村学校特色课程实施的基本流程

乡村学校特色课程实施总体上包含四个环节,分别是课程设计、资源组织、课程教学及课程评价,并且这四个环节是循环往复、逐层推进的。

一、解读课程设计

所谓课程设计,是课程设计主体以既有的理论或通过专门研究建构的理论为基础,采用一定的实践模式,使用一些具体的方法或技术,有计划、有组织、有系统地对课程目标、课程内容、课程实施和课程评价等课程领域内的要素做出某种安排或不同程度的变革,从而为学校教育提供实现教育目标所需要的课程产品。[①]

顶层设计将是学校课程建设的突破口,有了顶层设计,学校课程建设就有了目标、方向和途径,学校课程建设才会有高度、广度和深度。为此,课程建设需要加强顶层设计,要从高端的学校发展的总体构想,从遵循人的成长规律和教育发展规律,为学生的可持续发展奠基等方面出发,在课程开发策略、课程实施制度等方面要进行系统化思考,指引、推进学校课程建设,特别是厘清课程间的相互关系,既要构建课程间的横向衔接,又要关注课程的纵

---

① 靳玉乐.课程论[M].北京:人民教育出版社,2012.

向衔接。在课程体系建设中提供给学生最大限度的选择性,因为只有选择才会适合学生的个性发展。

案例11—1　临安区晨曦小学西校区"晨曦"特色课程的顶层设计

"晨曦"特色课程包括"基础性课程"和"拓展性课程"两大课程四个课程群,着力发展"晨曦"学子未来生活所需要的"必备品质"和"关键能力",注重培养学生五大幸福素养,即道德、人文、科学、艺术、健康素养(见图11-2)。两大课程的目标之间是相互交织、相辅相成的,是学校育人的价值追求。课程立足对学校现有资源的挖掘与整合,逐渐形成学校个性化的课程体系。

基础性课程是必修类课程,包括"学科课程群"和"修身课程群",是指由学校统一安排,每个学生必须参与学习,不具有选择性。主要以学科课程校本化和德育课程实践化为基础,开发相应的课程资源。

拓展性课程是选择类课程,包括"八大园课程

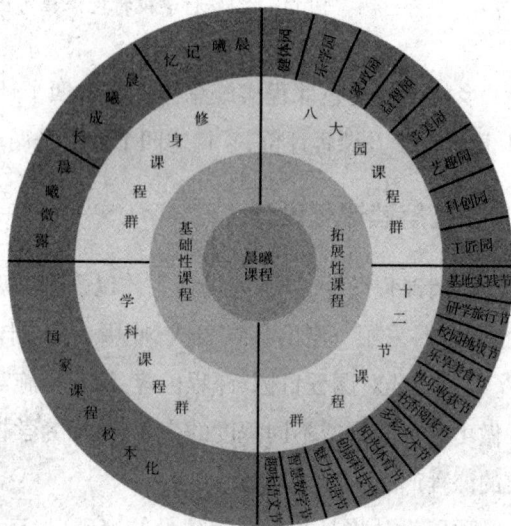

图11-2　"晨曦"特色课程基本架构

群"和"十二节课程群"。这些课程是学生个性化成长的课程,每位学生通过兴趣、特长来自主选课,课程助力学生选择性学习与自主特长的发展。每周二、周三下午各一课时实行走班制教学,凸显自主,体现合作,展示学生个性化风采。

案例11—2　建德市寿昌中学"非遗课程群"的总体设计

寿昌中学"非遗课程群"的开发融合学校"和美教育——和在自然,美在超越"的办学理念,结合学校打造具有乡土特色的现代农村高中的办学目标,在课程结构上,两条腿走路,重点勾画非遗知识与文化课程、非遗技能与活动课程两大系列。

三大课程系列是实现自主发展,社会参与核心素养的载体。为适应不同学生发展要求,在横向平面上,每个课程系列中分别开设不同的课程群,每个课程群中都开设课程;在纵向层级上,各课程群分别由基础类、个性类、研究类课程组成,确保了整个课程体系遵循基础性(为学生发展提供课程基础)、选择性(为学生发展提供课程选择、层次选择、个体性选择)和综合性(为学生发展对课程进行综合,结构整合、跨域融通等)的原则。

教师在特色课程实施的过程中,为何要对学校的顶层设计进行解读,解读什么? 从上述案例分析,在解读学校特色课程的顶层设计过程中要把握两个关键原则。

1.要突出理解学校课程的理念

学校课程体系建设往往突出育人功能,国家教育方针、素质教育战略要求与学校育人目标具有内在的一致性,实际都是在回答"培养什么样的人"的问题。

国家教育方针明确提出培养德智体美劳全面发展的社会主义建设者和接班人,素质教育战略要求强调重点培养学生的社会责任感、创新精神和实践能力。

在教师设计自己的课程时,必须细致追问:"这门课程到底要发展学生什么?"课程开发、科目设置甚至具体活动的策划安排,都要考虑到学生的发展,如传授知识、掌握技能、培养人格、提升素养等,才能很好地实现育人目标和课程目标的对应转化。

因此,学校育人目标规定了课程的内容范围和功能性质,这也就为课程体系搭建了基本框架。

2.要重点理解学校课程的结构

课程结构是课程体系的外显形态,是对课程的各种构成要素及其关系的总体反映,既是对课程的质的规定,反映着课程内在价值取向,又是对课程的深层次理解,决定着课程的具体形式。可以从厘清课程概念,划分课程领域,搭建课程结构,选择实施形式和选用评价方式五个步骤来完成(见图11-3)。

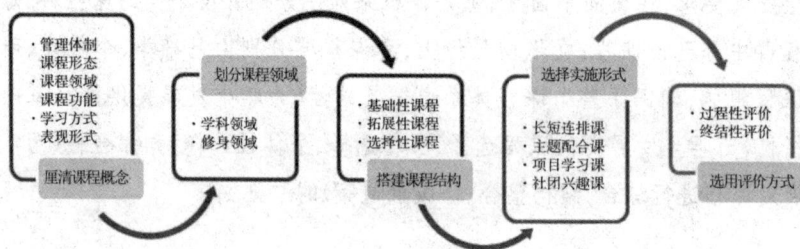

图11-3 课程结构搭建的一般步骤

课程结构处于相对稳定的状态,当教育背景发生变化、学校资源环境发生变化时,新的价值需求出现,相应地,课程结构也要进行调整迭代。

在教师设计自己的课程时,学校的课程顶层设计对教师的课程实施有相当的指导价值,教师可以从中定位自己的课程。再以所积累的实践经验为前瞻,并根据自身的教育理想与信念,规划和设计课程的内容,并在主体的日常实践中不断调整和丰富,从而把握课程的真谛。

二、优化资源组织

课程资源是指课程要素来源以及实施课程的必要而直接的条件。课程资源,除了教科书以外,还有教师、学生,师生本身不同的经历、生活经验和学习方式、教学策略等;校内各种专用教室和校内各种活动也是重要的课程资源;也包括校外图书馆、科技馆、博物馆、网络资源、乡土资源、家庭资源等。

案例11—3 临安区晨曦小学西校区杭州市精品课程 "布艺微工坊"特色课程的资源组织

"布艺微工坊"课程资源的组织,包括硬件资源和软件资源两大块。硬件资源指"布艺微工坊"的环境布置、工具选择和规程制定;软件资源指课程内容的选择、课程纲要的撰写、教材的编写以及教学资源的开发等(见图11-4)。

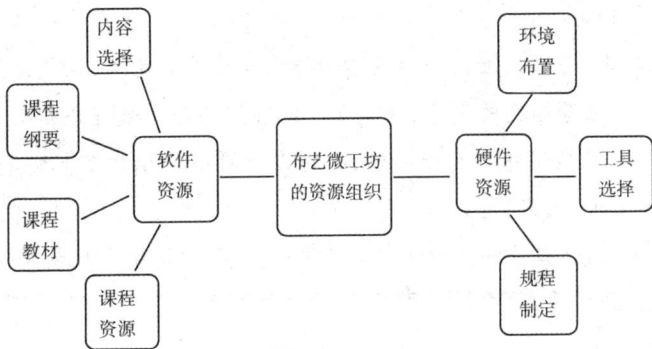

图11-4 "布艺微工坊"的资源组织

(1)环境布置

环境布置包括布艺微工坊的名称、场地、门面布置、室内环境等。

根据每节课不同阶段的不同功能在"布艺微工坊"教室内划分为创意区、设计区、制作区、展示区和休闲区(见图11-5)。

(2)工具选择

工具选择主要是指微工坊里根据课程需要选择购买或放置的工具(见图11-6)。

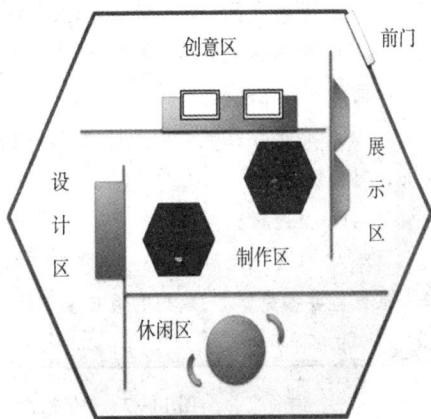

图11-5 "布艺微工坊"的环境布置

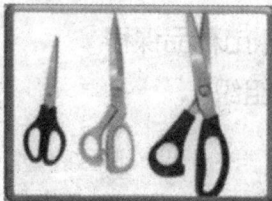
剪刀

针线

热熔枪

图11-6 "布艺微工坊"的工具选择

(3)规程制定

"没有规矩,不成方圆",拓展性活动强调学生的自主性,但是这里的自主必须是一定规则范围内的自主,因此必要的使用指南和规程还是必需的。为了让学生对布艺微工坊更有归属感,还可以设置一些诸如布艺微工坊标志、口号之类的东西(见图11-7)。

"布艺微工坊"口号——生活中从来不缺少美,而是缺少发现美的眼睛。

布艺微工坊使用指南

1．"布艺微工坊"教室由该课程活动专门使用。

2．不在开课时段不可随意进入教室。

3．管理人员要认真做好登记,桌椅、展品架、电脑等摆放要整洁有序。

4．室内保持清洁、安静,不准随意喧哗、走动,不得乱扔垃圾,未经老师同意不许在黑板上涂写。

5．布艺作品随时检查摆放是否整洁,墙上作品张贴有序,如有掉落,及时补贴。

6．室内材料不可随意外借,如确有需要,须经老师同意。

7．每次下课后,每个人需将自己的工作台清理干净,教室内的物品归回原位并摆放整齐,轮到的值日生要认真做好打扫工作。

图11-7 "布艺微工坊"使用指南

(4)内容选择

课程内容作为课程中最为基本的组成元素,事关课程目标能否顺利完

成。[①]"布艺微工坊"围绕课程目标设置四个单元,分别是发饰篇、挂件篇、抱枕篇、装饰画篇,一个单元一个重点突破,总共12课时。

(5)课程纲要

特色课程纲要是整个特色课程开展的灵魂,是指导课程开展的纲领性文件,是教师层面具体的特色课程开发方案。"布艺微工坊"的课程纲要主要包括课程背景、课程目标、课程内容、课程实施及课程评价五大板块。

(6)课程教材

教材作为课程具体化后的育人媒体,既是师生在课程实践中接触较多的课程样态,也是支撑课程实践运行的重要课程文件。[②]"巧妇难为无米之炊",有了好的工作环境,有了指导性的课程纲要等,那么具体让学生来微工坊干什么,怎么做呢? 因此要根据课程纲要编写出合适的教材。下面展示"布艺微工坊"教材部分示例(见图11-8)。

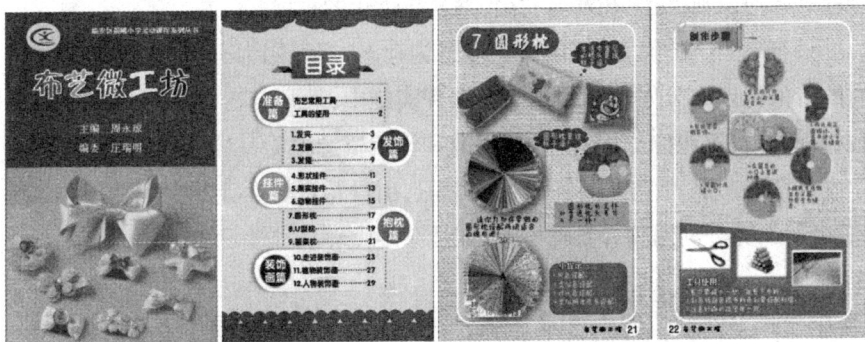

图11-8　"布艺微工坊"教材封面、目录及示例

(7)教学资源

要让"布艺微工坊"拓展性活动开展常态化和延续性,有一套适合本课程的教学资源包是必不可少的,资源包是推广本课程的有力支撑(见图11-9)。

---

① 林德全,徐秀华.课程关键词[M].北京:科学出版社,2018.

② 林德全,徐秀华.课程关键词[M].北京:科学出版社,2018.

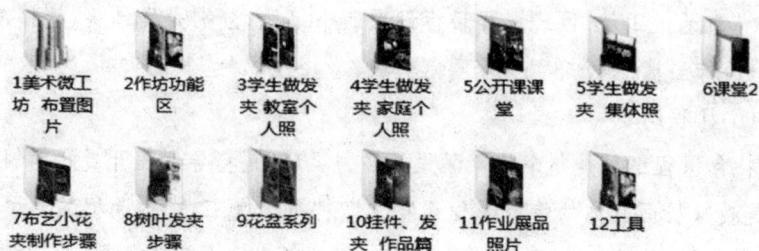

图 11-9 "布艺微工坊"教学资源

教师在组织自己课程资源的同时,必须进行必要的优化和选择,而不是一股脑儿地给学生,这样会使课程的实施大打折扣。没有优秀课程资源的广泛支持,再美好的课程也很难变成实际教学成果。教师决定课程资源的鉴别、开发、积累和整合利用,是课程实施的首要条件资源。教师的素质决定了课程资源的识别范围、开发与利用、整合与优化的程度。

只有高素质的教师,才能够化静态为动态,变无用为有用,才能使课程资源的价值得以充分发挥和显现。在课程实施中,教师应当树立新的课程资源观,发挥课程资源的作用,使各种资源和学校资源融为一体,更好地为教育教学发展服务。教师应该围绕学生的学习,引导帮助学生走出教科书,走出教室和学校,充分利用校外各种资源,在社会的大环境里学习和探索。

三、组织课程教学

教学是以课程内容为中介的师生双方教和学的双边统一活动,关注孩子的成长和发展。一百个孩子,一百个世界。每一个孩子对世界的认识都不一样,组织课程教学就是要认可每一个孩子的生命体验,并尊重他们的选择和体验。要从学生的实际情况出发,根据课程的特点,选择适合学生核心素养发展的教学方式。

临安区昌化镇第二小学在《悦读家园》课程实施中以学生为中心,以学习为中心,积极创新学习方式,探索形成了以"走读乡村——实地参观,倾听传统——调查走访,现场课堂——体验感悟,课堂剧场——表演展示,研究问题——实践探究"为主要学习方式的课程独特实施模式。

案例11—4 临安区昌化镇第二小学特色课程群 "悦读家园"学习方式

(一)走读乡村:实地参观学习

1.创新点:这一类学习是通过教师有组织地带领学生走进乡村,走进课程基地,去参观学习,通过基地专家的介绍,通过观察、访问等形式,通过学生的互动活动,了解相关学习内容来引领学生将直观的感受内化为自己的知识,解决生活中的问题。

2.设计样态:课前自主小组活动:自主探访→课中合作活动:基地参观→课后成果展示活动:主题访问汇报交流。

(二)倾听传统:调查走访学习

1.创新点:调查走访学习中所涉及的是"悦读家园"中古建筑如石桥、祠堂、旧塔等这一部分教材内容。这些古建筑群,现今的孩子已知之甚少,学生在调查走访的学习过程中能渐渐走近这些历史文化,争做古典文化的传承者;同时在学习过程中,学生收集和处理信息的能力、获取新知识的能力、分析和解决问题的能力以及交流与合作的能力也能得到培养和提高。

2.设计样态:课前自主活动:自主调查→课中合作活动:交流调查成果→作业和展示活动:完成调查报告并交流。

(三)现场课堂:体验感悟学习

1.创新点:体验感悟学习是以现场课堂的形式,让学习者亲自参与或置身某种情景或场合,在问题解决的过程中通过感觉、感受、体验来认识和感悟事物,从而在有限的时间内获得最大的收获。"悦读家园"教材中以本地历史文化和自然风光为内容的课文,教师把课堂搬到现场,学生在真实的情景氛围中主动获取体验,情感得到激发,精神得到滋养,生命获得成长。

2.设计样态:课前自主小组活动:收集、研讨相关材料→课中合作活动:现场考察学习和体验→作业和展示活动:撰写感悟并交流。

(四)课堂剧场:表演展示学习

1.创新点:表演展示学习主要以课堂剧场的活动形式展开,是一种探究性学习的形式。它是指学生在老师的指导下,根据需要进行表演和展示,在活动过程中积极鼓励学生去发现问题、提出问题和解决问题,使学习活动变得丰富有个性又不失思考价值,培养学生自主学习活动的意识。

2.设计样态:课前自主活动:收集素材、自学模仿→课中:表演展示→拓展作业:改造或创编。

(五)研究问题:实践探究学习

1.创新点:"悦读家园"中也不乏对当地人文地理方面的一些科学探究,如"识天气""知农事""山野的馈赠——山核桃""乡情的纽带——昌化豆腐干""洞穴明珠瑞晶洞"等,这类内容实践探究是切合的学习方式,在学习中学生通过阅读、观察、思考、实验、讨论等途径去主动探究,自行发现并找到结论,解决问题,形成自己的认知模型,并在生活中运用研究成果。

2.设计样态:课前自主小组活动:自主探究→课中展示活动:展示研究成果并交流→拓展作业:探索研究成果的运用。

教师在组织特色课程教学时,要让学生自己学习、探究学习、合作学习、体验学习。教师要转变观念,真正在课堂上体现以学生为主体的教学理念,增强教师是课程组织者的角色意识。

四、实施课程评价

一个学期的特色课程模块教学结束后,学生要对课程教师进行考核和评价,教师也要对学生进行考核与评价。特色课程是以学校为主体的课程样态,课程评价的主体应该是多元的,校长、教师、学生、家长以及其他相关人员都可以是评价的主体。

特色课程的评价内容包括对学生的学和教师的教等方面的评价。对学生的评价应遵循"益智增趣、体验超越、实践创生"的三种价值取向,让课程评价成为促进学生个性发展的有效途径。对教师的评价主要从向课程研学中心提交课程实施的总结与反思来进行,主要包含详细的课程介绍、活动方案与计划、研究的步骤,还包括选课学生名单、考勤表、活动照片、研究报告、测

试与考核成绩等。

案例11—5　临安区晨曦小学西校区"八味轩(中草药)"特色课程的考核和评价

1.评价为课程的实施发挥着"导航"的作用。"八味轩"课程评价的主要目的是了解学生在学习过程中的表现及其存在的问题,鉴定学习的质量水平。本课程的评价以课程目标和课程内容为依据,尊重儿童发展的独特性,倡导多元、开放的评价观。运用自我评价、同伴评价、教师评价等多重评价方式(见表11-1),体现评价主体的多元化,从而形成积极、健康、平等的评价关系。通过学习评价确保课程实施的质量,让评价成为学生核心素养提升的载体。

表11-1　学生学习能力评价表

班级（　　　　　　）　　　姓名（　　　　　　）

指标	序号	评价标准		评价星级		
		☆☆☆☆	☆☆☆	自评	互评	师评
参与程度	1	主动、积极参与活动	能与大家一起玩			
	2	有作品(资源)(3个及以上)	有作品(资源)(1个有以上)			
	3	兴趣浓厚	兴趣一般			
合作精神	4	能大胆表明自己的想法	有时能表明自己的想法			
	5	能服从分工并完成任务	基本服从分工			
	6	能热心帮助别人	有时也能帮助别人			
拓展能力	7	有观察和思考	观察和思考层次一般			
	8	善于发现和提出问题	发现提出问题能力一般			
	9	收集整理信息能力强	收集整理信息能力一般			
其他	10					
	11					
	12					
一句话评价	自评					
	互评					
	师评					

2.分享即评价。将中草药种植过程中的成果与老师、同学和家人进行分享,既是对自己劳动成果的一次展示,也是一次难得的检验,对于今后中草药栽培活动的改进方面有一定的推进作用。

(1)分享记录,成果中留痕迹

在整个栽培活动中,学生留下了很多宝贵的资料,记录表、观察日记和标本都是活动的成果。这些记录中展示了中草药的整个生长过程,也展示了各种中草药的药性和功效。以线上线下相结合的方式向老师、同学和家长展示,更能达到分享的效果。

(2)分享知识,交流中显底蕴

中草药栽培活动中,学生认识了一些中草药的特点,也了解了中草药的功效。将这些知识和同学进行分享,也是一个不错的举措。我们还培养了"小小解说员",每周五中午去农场给前去参观的学生做介绍。

(3)分享药材,尝试中凸功效

中草药除了做成标本以外,剩余的部分进行炮制。学生将炮制好的中草药送给同学、老师及家人,并且附有介绍药材名称和功效的说明书。金银花和菊花晒干后泡茶,和老师、同伴们品尝也是一段快乐的时光。在艾草收割的时候,手巧的学生做了香囊,将艾草切成细段缝进香囊中,既美观又能体现艾草的药用功效。

乡村学校特色课程我们倡导以下两种评价形式:

1. 多维度评价

特色课程是对学生核心素养的完善和提升,所以特色课程的评价需体现过程性、趣味性、差异性原则,探索实行过程性评价、表现性评价和发展性评价等多形式的人本化评价体系。在课程评价的制定上,根据课程内容和学习方式的不同,在学校"特色"课程总的评价目标的引领下,老师制定了每个课程多维立体的评价标准。评价标准设定遵循下面的基本原则:过程性原则,强调过程中的参与,轻学习结果;适当性原则,定位准确合理,避免过高或过低;清晰性原则,目标尽量具体、明确。

2.云平台评价

学校利用学校云平台、数字化课程、在线学习、在线评价等教育方式,逐步探索智慧校园的管理机制。探索记录和积累学生课程成长过程,进行学习过程的全程捕捉,学生思维的全程留痕的智慧管理模式。

结语

深度反思学校特色课程的开发实施过程,亟待解决的问题比较多,事实上大部分教师也采取多种方式进行推进。我们以为"边学习、边实施、边反思、边完善"不失为一种好思路,因为特色课程的开发与实施是乡村教师碰到的新生事物,大家在摸索中前行,引导学校全体教师在做中学,在学中成长,才是一种好的策略,它不仅培训了教师,更主要的是通过合作,共同发现问题,解决问题,从而促进整个学校特色课程的建设。

课程实施,让我们带着心灵去旅行,我们期待旅途中精彩不断,智慧生成!

作者:史幽鹤

杭州市临安区晨曦小学西校区

第 12 问
乡村学校特色课程的学习方式有哪些?

2015年《浙江省教育厅关于深化义务教育课程改革的指导意见》出台,该意见对学习方式的变革做了重点阐述,把变革学习方式作为推进课程改革的首要任务。这对于校本课程来说,尤其具有实际意义,因为校本课程所追求的一个重要目标就是转变学生的学习方式。而学习方式,从省到中央的文件都在强调以自主、合作、探究的学习方式来展开学习。但是,如何在具体的课程实施中去采用、推进这样的方式,一直是困扰一线教育工作者的问题。我们在乡土课程的实施中进行了一些探索,创新了符合上述特质的一些具体学习样式,希冀符合课程改革实施的要求。

随着义务教育课程改革的不断深入和推进,转变学生的学习方式,改善学生学习方式的变革已成为大家的共识和行动,许多基于实践和体验的学习新样式进入我们的视野,综合性学习、项目式学习、问题引领式学习等给我们的课程学习带来了全新的体验。而于2019年6月出台的《中共中央 国务院关于深化教育教学改革全面提高义务教育质量的意见》,更是对新时期的学生学习方式以纲领性文件提出了具体要求,它的出台是对新时期创新学习方式,落实学习方式之重要性和必要性的一种最好的阐明。而乡村学校特色课程,其对创新适合自己课程特点的学习方式有着更为迫切的要求。我们认为它的学习方式应该是在现代教育理论的指导下,整合上述学习方式,根据乡村学校课程的固有特点而生发出来的,集实践、体验、探究于一体的学习方式。它要求学习与学生实际生活的乡土情境相结合,学习的过程即是吸收本乡本土生活经验转化为自己的经验知识的过程,它以"培养懂农村、爱乡土的新公民"为课程价值追求,从形式上来看,主要有实地参观学习、调查走访学习、体验感悟学习、劳动操作学习、设计展示学习等。其结构如图12-1所示。

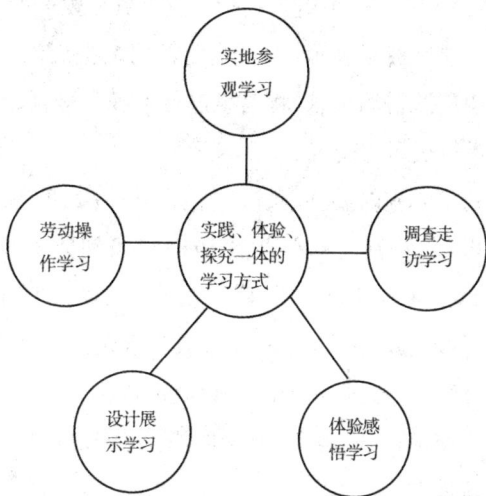

图 12-1　乡村学校特色课程学习方式框架

一、实地参观学习

所谓实地参观学习是指教师有组织地带领学生走进乡村,走进课程基地参观学习,通过基地专家的介绍,通过观察、访问等形式,通过学生的互动活动,了解相关学习内容。在参观中,学生将直观的感受内化成自己的知识,解决生活中的问题,从而实现了实践、探究的学习特点。

实地参观学习分为三个主要环节:课前自主小组活动:自主探访→课中合作活动:基地参观→课后成果展示活动:主题访问汇报交流。

课前自主小组活动:自主探访。课前自主活动以学生自主探访为主,它以学生个体为中心,以学生自主活动为线索,围绕活动任务展开多方面、多角度的探访,为下一环节的课中活动做好充分的准备。

课中合作活动:基地参观。在前期自主探访的基础上,由教师带领去课程基地进行实地学习,在基地参观中,所采用的是开放课堂,其具体活动模式

是"自主学习—小组研究—专业人员点拨—观点论坛"的活动模式。

课后成果展示活动:主题访问汇报交流。基地参观结束后,学生依托活动中所获得的信息,将信息进行整理和整合,形成汇报主题,以丰富多样的形式进行展示与交流。

在实施时要注意,在自主探访阶段,教师要对探访活动做出具体而有效的指导,特别是对学生探访中将遇到的困难做出恰当预设并提供解决办法。在基地参观阶段,学生的自主学习、小组研究、专家释疑这几个层面的学习能否层层深入,最终形成观点是这一环节课程实施的重点之所在。这个过程中,教师还需要关注学生主动探究、主动获取信息的能力。主题访问汇报交流阶段,教师对学生主题汇报之前信息的整理、甄选、提炼能力的关注是重点。

案例12—1　临安区昌化镇第一小学特色课程"我爱淘宝村"

"我爱淘宝村"是由昌化镇第一小学自主开发的一门综合实践活动课程,其中"走进淘宝村"这一课就采用了实地参观这一学习方式,其课程实施是先让学生在家长的带领下进行自主探访,梳理感兴趣的信息和疑问之处;在此基础上由教师带领学生走进淘宝店,开展参观学习,主要由淘宝店家对经营流程、服务项目等进行介绍,然后学生亲身体验当一当"店小二";在成果展示阶段,学生着重进行"童眼看淘宝"活动手册的编写,以对前期学习成果进行总结和归纳。整个课程学习在学生实践中完成,学生在课程学习中习得各种能力。

二、调查走访学习

所谓调查走访学习是指带着任务,通过实地观察、面访、问卷调查、数据回收、统计数据等方式获得第一手资料的学习方式。旨在实践中培养学生收集和处理信息的能力、获取新知识的能力、分析和解决问题的能力以及交流与合作的能力,把学生的学习落实在实践中是这一学习方式的最大特点。

调查走访学习分为三个主要环节:课前自主活动:自主小调查→课中合作活动:交流调查成果→作业和展示活动:完成调查报告并交流。

课前自主活动:自主小调查。个人或小组设计好调查任务,围绕任务展开自主调查,它致力于学生学习兴趣的激发,重视活动期间自主、合作、探究能力的培养。

课中合作活动:交流调查成果。学生完成自主小调查后,对调查结果进行整合和梳理,班级中开展调查成果的交流活动,交流活动以“自主学习→小组互动→师生互动→小结提升”的自主互助学习模式展开。

作业和展示活动:完成调查报告并交流。完成课中活动,交流了调查成果后,学生在教师的指导下学习调查报告的写作方法,将调查成果以书面形式呈现,并再次交流。

整个学习中需要关注的是,在自主小调查阶段,教师对调查表内容的指导是一个重点,它将对后续的调查活动是否能有效展开起着重要作用。交流调查成果阶段此处要关注的是围绕学习主题,在文本阅读的基础上,对调查成果进行多形式的交流,以达到解决问题的目的。在完成调查报告阶段,教师要对报告的格式、内容做出指导,同时要注意学生的看法是否具有独特性。

案例12—2　淳安县姜家镇小校本课程
“狮城蚕桑”之“考察姜家缫丝厂”

姜家镇小所开发的“狮城蚕桑”这一校本课程是以考察探究学习为核心的一门课程,其中调查走访这一学习方式在《煮茧成缕》这一单元得到了很好的体现,以“考察姜家缫丝厂”为例,在课前自主活动阶段,先让学生设计好调查任务;然后在教师带领下走访缫丝厂,全方位观察、记录、绘制缫丝厂的设备、地理位置等;调查结束后在课中就调查结果进行交流,并根据自己的调查重点,完成相应的调查报告,如《缫丝设备的发展历程》《古人缫丝和现代缫丝的区别》等,最后对形成的报告进行整理并进行交流。

三、体验感悟学习

所谓体验感悟学习是以现场课堂的形式,让学习者亲自参与或置身于某种情景或场合,通过感觉、感受、体验来认识事物。它是一种内在的体验,是基于个体认知图式而形成的学习过程,是知情合一的学习。其目的是激发学生积极思考,使学生在精神完全放松、思想高度集中的状态下从事学习活动,在问题解决的过程中体验和感悟,从而在有限的时间内获得最大的收获。其整个学习过程以学生体验贯穿始终。

学习流程分为课前、课中、课后三个阶段展开,课前自主小组活动:收集、研讨相关材料→课中合作活动:现场考察学习和体验→作业和展示活动:撰写感悟并交流。

课前自主小组活动:收集、研讨相关材料。收集、研讨相关材料是开展体验感悟式学习的第一步,其操作过程一般是"主题导入→文本阅读→确定活动方式→收集研讨材料"。

课中合作活动:现场考察学习和体验。是个体亲历的过程,学生在老师的带领下来到考察现场,直接参与到老师创设的情景中进行体验学习,获得活动感受。分三步走,首先老师创设情境,其次学生体验感受,最后分享交流。

作业和展示活动:撰写感悟并交流。把活动中的所知所感流泻于笔尖,在写作中再次体会这种感受,再次强化这种感受,使活动成效进一步得到巩固。

在收集、研讨相关材料阶段,对文本材料的阅读指导是很重要的一点,在此基础上让学生明晰接下来要合作学习的内容。在现场考察学习和体验阶段,教师要注意现场情境的创设是否有效,学生体验的真实性,实践体验过程中情绪情感的变化。撰写感悟并交流阶段则是重点引导学生把独特的感悟诉诸笔端,使情感得到内化。

案例12—3 临安区昌化镇第二小学校本课程 "悦读家园"之"忠孝文化话杨溪"

"悦读家园"课程中的"忠孝文化话杨溪"一课采用了体验感悟这一学习方式,学生的学习从阅读文本资料"忠孝文化话杨溪"始,完成对忠孝文化认知的一个积累;然后去到现场进行即时的忠孝文化体验,"孝道体验""感受成童礼""感恩师长"等忠孝学堂的学习让学生切身体会到了忠孝的强大力量,精神得到极大的沁润;最后通过撰写感悟让学生将活动中体验感受到的,同学间互相分享的,以纸笔的形式把它记录下来并相互交流。整个学习过程,以体验感悟的方式提升了学生对忠孝文化的体会,再次加深主题认识。

四、设计展示学习

所谓设计展示学习是一种探究性学习的形式,根据学习要求,运用工具进行设计并动手操作,将自己的创意方案付诸现实,转化为物品或产品,并进行创意展示。学生在探究中完成整个学习,彰显了课程探究的学习特点。

设计展示学习分为三个主要环节:课前自主活动:寻访交流,引出主题→课中:设计展示→拓展作业:改造或创编。

课前自主活动:寻访交流,引出主题。在课前自主活动阶段,布置学生以各种方式收集主题素材,以获取要设计项目的相关背景资料,为课中创作做前期准备。

课中:设计展示。此阶段大致模式如下:情景创设→明确主题→作品设计→展示交流。学生在教师指导下亲历整个作品的设计过程,启迪思维,收获智慧。

拓展作业:改造或创编。对原有作品进行反思,在此基础上再次进行二次创作,是原有活动的拓展和延伸。旨在培养学生的独立思维和创新意识,锻炼学生的实践操作能力,加强与学生生活和社会发展的联系。

在实施时,课前活动阶段要关注学生对主题素材的收集和整理,引领多方位了解设计项目。在设计展示阶段,教师要创设好活动氛围,引导学生积极参与到设计展示活动中来,并亲历整个设计过程,鼓励学生用个性化的形式进行展示。在改造或创编阶段,教师可协助学生设计,充分挖掘学生的创意和设计潜能,并尝试作品在生活中运用。

案例12—4　建德市乾潭二小校本课程
"点石成金"之"最美绿道"

"最美绿道"一课的学习方式给人耳目一新的感觉,其采用的就是设计展示学习。课前自主活动主要是对卵石的一个收集及设计主题的一个确立,在课中实施这一阶段,通过"视频导入,引导讨论""认识材料,明确要求""学生创作,教师指导""展示交流,体验成功"四个模块完成了此学习方式在这一阶段的建构。学生借助卵石,辅以图画而设计出的"乾潭最美绿道"让人啧啧称赞。整个学习过程中,各环节之间衔接自然,一气呵成,学生在主动探究和参与中完成了学习任务,情智都得到了很好的激发。布置的拓展作业则是让学生自由发挥利用卵石来设计乾潭的民居、乾潭的大街等。

五、劳动操作学习

所谓劳动操作学习是指在开辟的劳动基地,根据四时农事展开基于劳动体验、劳动技能习得的学习。学生通过劳动操作形成劳动能力,养成劳动习惯。在整个学习过程中,学生通过实践与体验完成课程学习,主动习得了知识和能力。

其学习流程分为三个阶段展开:课前:访谈调查→课中劳动操作:展开劳动体验活动→课后延伸:总结收获,生活中运用。

课前:访谈调查。主要任务是对将要进行的劳动项目操作步骤、注意事项等进行调查,为课中操做准备。

课中劳动操作:展开劳动体验活动。在教师指导下展开实际的劳动操作活动,其主要环节如下:引入主题,明确方法→小组合作,进行劳动体验→劳动小结。

课后延伸:总结收获,生活中运用。总结提炼劳动收获,在生活中运用这些劳动技能和经验。

具体实施时,课前的调查要引导学生充分完成,以激发他们参与实践劳动的兴趣。课中劳动操作阶段,教师既要适时提供指导,同时又要让学生亲历劳动过程,获得劳动体验,习得劳动技能。课后延伸阶段主要是及时让学生把劳动收获进行总结,在生活中运用。

案例12—5 桐庐县莪山民族小学校本课程"走进畲乡"之"种葫芦"

桐庐县莪山民族小学开发的葫芦课程别具一格,其中课程中的种葫芦、收葫芦等内容是一种劳动操作类的学习。以"种葫芦"为例,课前让学生调查了解葫芦的种植步骤和注意事项,为课中实施做铺垫。课中则主要是组长带领队员带上工具和浸泡过的种子到葫芦基地,找到小组种植基地完成"整地—施肥—播种"这一劳动过程,学生在主动参与中获得劳动体验,习得了劳动技能。课后延伸阶段主要是利用习得的劳动技能对葫芦进行后期管理。

自2001年课程改革启动以来,其根本追求就是实现学生学习方式的改变,使学生成为学习的主人。乡土课程在这中间发挥着它独特的作用,它不但能满足学生个性学习之需要,还提供学习方式实现创新的载体。在创中学,在做中学,其必将在课程目标的实现、育人目标的达成、学校特色发展上发挥自己重要的作用。

作者:徐惠春

杭州市临安区昌化镇第二小学

第 **13** 问
乡村学校特色课程的教学方式有哪些?

　　学校的课程是育人的主要载体,作为乡村学校特色课程是基于学校自身和区域特色,在用其开展教学时,方式应该有其独有的特点。然而,现实中有些老师有疑问:"最近几年来,我校开发了《童心诗韵》特色课程,但在实施过程中,老师们还是习惯于传统的课堂教学方式,效果欠佳。对于这样的乡村学校特色课程的教学方式有哪些相应的方式? 是否与常规的课堂教学方式有所不同?"这些问题,在乡村学校特色课程实施的过程中确实困扰着学校和老师。

　　教学方式是指为达到教学目的,实现教学内容,运用教学手段而进行的,由教学原则指导的一整套方式组成的,师生相互作用的活动。当下教师对特色课程重要性认识不足,缺乏独立思考,凡事依赖教本、教案,无现成教案就无法操作活动;对教学方式多样化研究不够,以传统、单一的教学方式来指导时间、空间差异大的特色课程,效果不明显。事实上,在乡村学校特色课程的教学中,就像许多老师的疑问那样,其教学方式应该有别于常规的课堂,我们一般常用的有如下几种方式(见图13-1)。

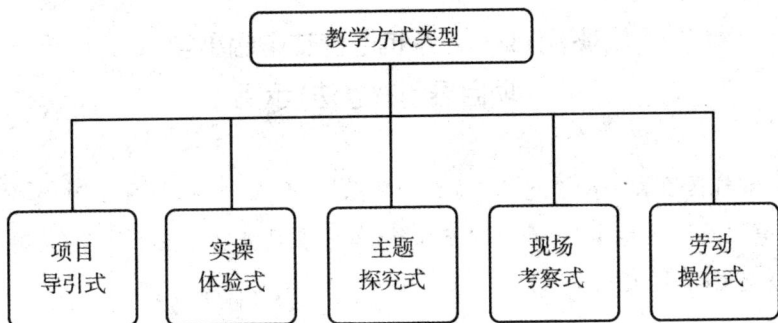

图 13-1 乡村学校特色课程教学方式类型

乡村学校特色课程常见的教学方式有项目导引式教学、实操体验式教学、主题探究式教学、现场考察式教学、劳动操作式教学等诸多类型，无论选用何种教学方式，适合特色课程内容才是关键。在乡村特色课程中使用这些教学方式，能够让学生转变传统学习方式，更主动地去学习。

一、项目导引式教学的实施

项目导引式教学是指学生需要借助包括学科概念和原理在内的多种资源，在一定时间内通过小组形式开展的探究活动，解决一系列相互关联问题的学习任务。

在项目导引式教学中，教师是项目的开发者、引导者、促进者、合作者及评价者。其主要表现形式如图13-2所示。

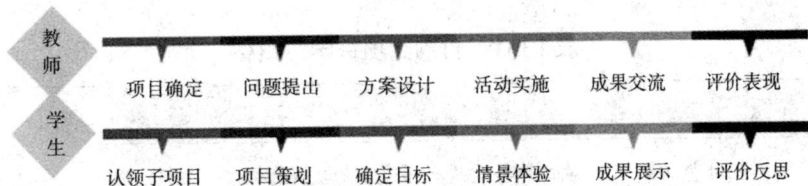

图 13-2 项目导引式教学操作流程

案例13—1 余杭区百丈中心小学
"项目导引教学法"示例

余杭区百丈中心小学以"竹韵园体验"为项目载体,设计了"快乐竹农""竹笋之约""竹地生花"三个项目任务,每个项目可以分成子项目,构建了基本框架图(见图13-3)。

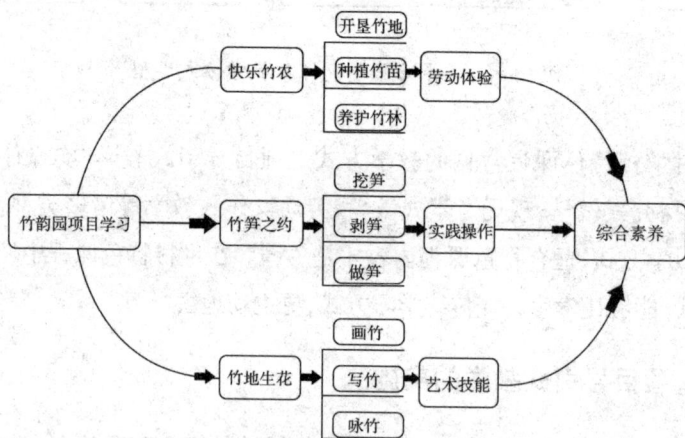

图13-3 竹韵园项目学习内容架构

项目确定后,教师让学生思考项目内容的具体目标有哪些?应该如何更好地落实与完善项目?制定项目目标后,学生在教师指导下进行梳理,设计项目实施方案(见表13-1)。

表13-1 竹韵园项目学习目标

项目内容		项目目标
"快乐竹农"	开垦竹地	能对竹地再次进行开垦,使土质疏松。
	种植竹苗	能在教师讲解、示范、指导下,以小组为单位对种植区域进行合理设计和种植。

续　表

项目内容		项目目标
"快乐竹农"	养护竹林	班级成立养护小组,在班主任指导下,能对竹林进行管理,保证竹子的成活率。
"竹笋之约"	挖笋	在教师指导下,对竹韵园包干区域中的竹笋进行筛选,把密集的竹笋挖掉,保证其他竹笋的生长。
	剥笋	在班主任组织下,以班为单位,开展竞赛活动,既培养学生的耐心,也能培养学生的动手能力。
	做笋	在家长指导下,能以笋为主食材,做一道与笋相关的菜,培养学生动手的实践能力和探究、创新精神。
"竹地生花"	画竹	通过对竹韵园的实地观察,了解竹子的形态,根据年段能用不同形式画出不同形态的竹子。
	写竹	能结合语文学科单元教学点,以竹韵园为载体,撰写各种类型的习作。
	咏竹	通过多种形式赞美竹,比如:朗诵关于竹的诗;以小导游身份介绍竹韵园中的竹等。

学生在"快乐竹农""竹笋之约""竹地生花"三大项目实施中进行体验式学习,充分发展个性,培养合作、探究、创新能力。百丈中心小学借助库伯"学习圈"理论(见图13-4),设计竹韵园项目学习组织模型;以"竹韵园项目学习模式"为导向,制定项目学习管理表(见表13-2)。

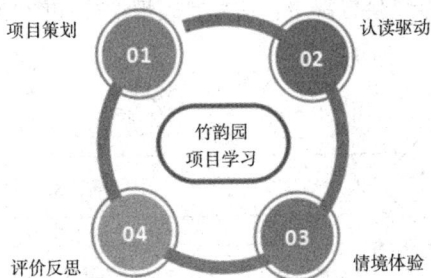

图13-4　竹韵园项目学习"学习圈"

表13-2 竹韵园项目学习管理表

项目名称			时间安排	
项目负责人			年级	
项目概述				
项目学习	项目策划			
	任务驱动			
	情境体验			
	反思评价			

通过一系列项目活动,最终形成一份个性化的成果报告,是项目教学法实施价值和意义的直接体现。更重要的是,在竹韵园体验之后,小组之间展开了热烈的、有实质内容的交流,分享了学习过程中的经验和体会。

二、实操体验式教学的实施

实操体验式教学以学生的体验和感受为主,教师指导和点拨为辅。在教学过程中,学生在教师指导下,亲自参与或置身某种情境、场合中,通过感受、体验和自己的实际操作来认识事物或事情,激发学习兴趣,习得知识与技能,融通经验与新知。其主要表现形式如图13-5所示。

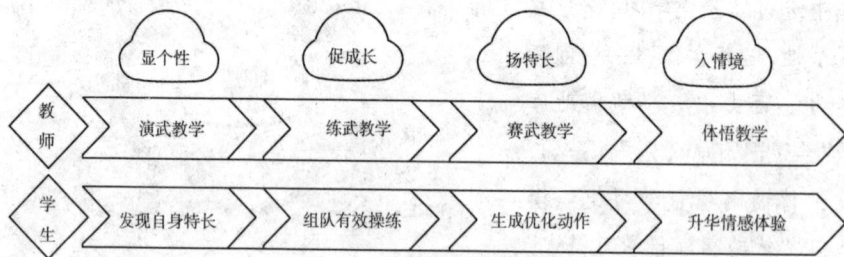

图13-5 实操体验式教学的表现形式

案例13—2 临安区板桥镇板桥小学
"武韵飞扬"校本课程的教学方式

临安区板桥小学开发的"武韵飞扬"校本课程中,教师采用了实操体验式教学法,它由演武教学、练武教学、赛武教学和体悟教学四块组成,以中高段具有一定武术基本功的学生为主体(见表13-3)。

1.习而展之:显个性演武教学

学校课改组将学生的武术特长和"梦想大舞台"结合起来,并制定了"十八般武艺"展演流程:展演报名→安排展演时间→学生展演→评价指导与特长确定→"同质组"分组研讨。

表13-3 板桥小学"十八般武艺"展演报名表

姓名(必)		班级(必)		武龄(必)	
报名项目(必)	拳法	掌法	棍法	双刀	方天画戟	关刀
想邀请的师父(师兄、师姐)						

2.群而攻之:促成长练武教学

板桥小学在传统大课间基础上增加"武术基本功"训练和"武术特长"练习。大课间活动中,学生多但武术基础各异,因此在"武术特长"练习时采用高带低、强带弱的策略,有效解决了学校武术师资有限的局限,为特长学生的练习提供了平台,还辐射了非特长学生的武术发展。

学校以展演形成的"同质组"为基础,根据分组情况进行场地划分。学生间以小师傅带小徒弟的形式进行结对子教学练习。由于是学生带学生,为了保障动作的准确性和力量的适度性,武术教师需要巡视各组进行适当的技术指导。

3.分而较之:扬特长赛武教学

学校举办一年一度的"武术擂台赛"。由上一届五年级中获得"板小十八般武艺传承奖"的学生守擂,本届五年级及以下学生和师兄师姐"过招攻擂"。结果由师父进行判断——动作准确流畅的均视为攻擂成功,获得"板小十八般武艺传承奖";动作不畅者,师父赛后统一召集指导并训练。

4.学而悟之:入情境体悟教学

通过实地走访"上田武术廊",拜访上田武术前辈,了解武术知识、武术经历和武术对上田的历史影响,感受武术魅力,议一议武术承担的责任和对自己的影响。

三、主题探究式教学的实施

主题探究式教学是指学生在教师的引导下,通过有明确主题的项目或内容,以阅读、思考、分析、收集、寻访、交流、讨论、展示等途径去实践、探究。教师利用该教学法帮助学生认识并解决问题,形成概念并建立起认知模型和方法架构。其主要表现形式如图13-6所示。

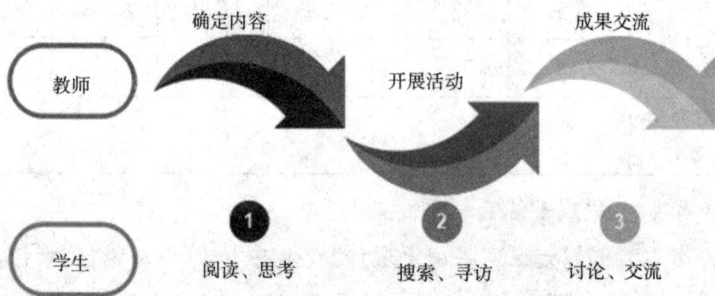

图13-6 主题探究式教学的表现形式

案例13—3 杭州市临安区昌化镇第二小学
拓展课程的教学方式

临安区昌化镇第二小学基于乡土资源的优势开发的关于乡土文化的校本课程,教师利用了主题探究式教学法。师生收集资料并进行整理、分析后,

设计和构建各类"乡土文化"系列主题,该校设计的乡土文化主题主要包括六个方面,见图13-7。

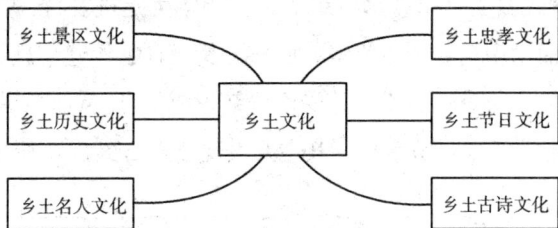

图13-7　乡土文化主题示意图

下面以探究、挖掘和传承"乡土名人文化"为例。从古到今,在临安这块热土上,名人辈出。在挖掘和传承"乡土名人文化"活动中主要采取了下列策略来实施。

1. 收集有关临安名人的信息

在收集活动中,首先,让学生通过网络搜索或查阅《临安志》等方法收集有关临安名人的信息;其次,组织学生深入社区中去收集临安名人的故事、传说。通过大家的努力,收集到许多有关临安历史名人、文化名人、艰苦创业名人的信息,如南宋洪咨夔、五代钱镠、唐朝董其昌、清朝方克猷、孝子陈斗龙等。

2. 学校组织"挖掘和传承乡土名人文化"专题寻访活动

为丰富学生体验,增强教育效果,根据临安名人文化中所蕴含的德育素材,找准实施德育的切入点,构建了几个专题,组织学生开展实地考察活动。

如组织学生开展了钱王文化探究活动,忠孝文化寻访活动等。通过系列活动,学生们对忠孝精神有了更加深刻的体验。

3. 开展成果交流和学习名人活动

以板报、手抄报等形式对活动成果进行整理、交流和展示,让所有学生都来追寻临安名人的成长足迹,了解他们的事迹,学习他们的精神。

四、现场考察式教学的实施

现场考察式教学是指教师有组织地带领学生走进乡村,去观察学习、实地考察,并在活动中培养学生收集、处理、分析、解决、构建信息的能力。学生在参观和考察中,将进一步直观感受内化知识或信息,从而多层次、多角度地感受家乡的美,真正地理解乡村。其主要表现形式如图13-8所示。

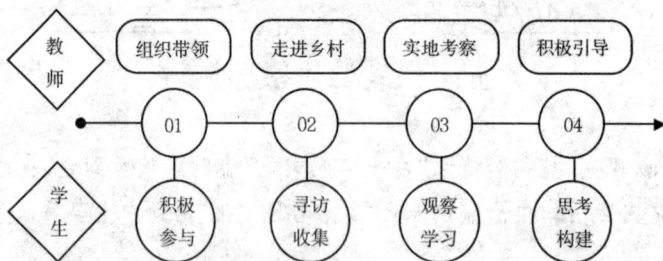

图13-8　现场考察式教学的表现形式

案例13—4　建德市大慈岩中心小学"慈岩小镇" 微课程群的教学方式

以建德市大慈岩中心小学"'慈岩小镇'微课程群:指向'慈岩儿童'特质培育的拓展性课程开发与实施"中"欣赏·感悟·浸润·建构:'现场考察类'微课程实施"为例。

古村中有很多古老的建筑值得孩子们细细欣赏、体悟,这些建筑可以从美学的角度,可以从实用的角度,可以从文化的角度,可以从家风的角度等不同方面去感受。

基于参观游览类课程是带领孩子们进入古村,引导孩子们在看见古村中某一个建筑后,结合自己平时储备的信息进行思考,得出一些用眼睛看不见,只能用心体会的知识(见表13-4)。

表13-4　"现场考察类"微课程

课程范围	课程名称	实践基地	校外指导员	负责老师
古村美学	村落布局、房梁雕刻、天井古塔……	新叶古村、李村古村、上吴方古村、双泉古村……	各村文化员	陈莉、李艳飞、付蓉、王光辉、吴建明

参观游览类课程需要学生用眼看、用嘴问、用耳听、用心悟,在课程实施中,孩子们的体验过程主要经历了以下几个环节,如图13-9所示。

欣赏:小镇中的古村有不少,古村中的建筑更是多不胜数,安排学习活动时,一次一个村子,每次四个主题,分别是研究雕梁画栋,研究房屋建筑,研究古老农作物,研究村落布局,一个老师领一队学生在村里相关人员的带领下,欣赏这些建筑。

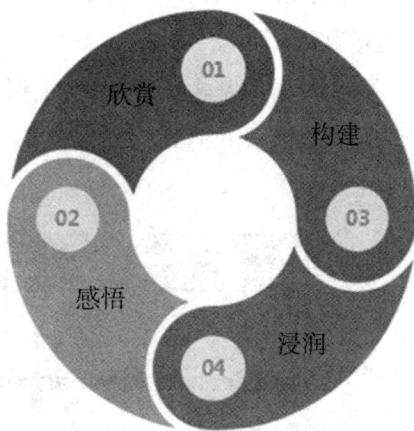

图13-9　参观游览类课程学生体验示意图

感悟:在孩子们欣赏的过程中,心中定会有所感触。此时,教师要及时鼓励孩子们用自己喜欢的方式记录下心中的想法。

浸润:孩子们看到每一种建筑后的感悟是不同的,教师鼓励他们和同伴相互交流,说出自己的想法,边看边交流,他们的发现会越来越多,想到的各种可能性也会越来越奇特,疑惑也会逐渐生出。

构建:在问题的不断产生解决过程中,孩子们对古村里的建筑了解越来越清晰,对那些建筑的特点、功用、说法也铭记于心。

在孩子们掌握这些知识后,再次去欣赏这些建筑,他们心中的感悟更

深一步,再次被古村这些乡土文化浸润,心中所形成的认识更加完美……就这样不断往复循环。

五、劳动操作式教学的实施

劳动操作式教学是指学生在教师的指导下,通过参加实践劳动,并在劳动中掌握基本技能,提升自己的实践能力。该教学法旨在培养学生将知识、经验、劳动技能与生活有机结合起来,不断提高自己的劳动实践能力,培养劳动的意识和习惯。

劳动教学的基本流程如下:根据劳动任务学习劳动技能→进入基地进行劳动操作实践和体验→展示成果→交流心得体会。其主要表现形式如图13-10所示。

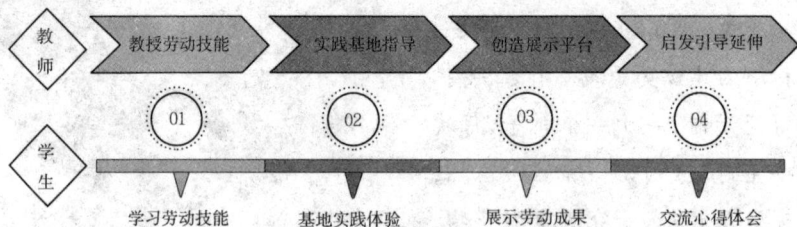

图13-10 劳动操作式教学的表现形式

案例13—5 桐庐县横村小学特色课程教学方式

以桐庐县横村小学的开心农场瓜果蔬菜"成长密码"为例,该拓展性课程除特别重视学生的实践劳动外,还体现了劳动操作式教学在拓展性课程中的使用。

种植项目:瓜果蔬菜"成长密码"

"小农场·大天地"是学生关注瓜果蔬菜的生命历程,进行劳动、研究、学习的课题。

1.走进农场,引入任务。在教师的带领下,围绕"瓜果蔬菜和种属嫁接"等,确定研究学习任务,进行实践劳动:①蔬菜种类;②种植方法;③病虫危害与防治;④价格;⑤营养与烹饪……

2.任务学习,分组体验。

(1)蔬菜种类组。在开心农场种植的瓜果蔬菜中,在指导教师的帮助下了解蔬菜分类的方法知识。

(2)蔬菜种植组。到开心农场了解哪些蔬菜是什么季节种植的知识;在指导老师带领下,学习移栽蔬菜;在亲手体验的基础上,各组学种一种蔬菜,写观察日记,见图13-11—图13-13。

图13-11　指导老师讲解植物,铺垫劳动知识

图13-12　学生进行劳动实践、采摘成熟豆角

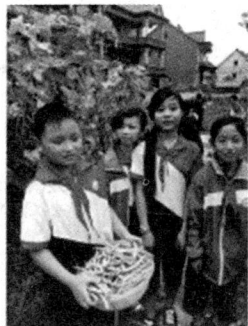

图13-13　学生展示劳动成果,交流心得体会

(3)蔬菜病虫危害防治组。组员与教师一起实地考察、记录各种蔬菜的常见病防治方法并制定表格(见表13-5);根据表格内容,小组写调查学习报告。

表13-5　"蔬菜病虫危害防治学习"示意表

蔬菜名称	常见病虫	调查渠道	诊断方法	防治措施	备注

(4)蔬菜价格项目组。小组成员在家长或指导老师的带领下到各超市、菜市场调查瓜果蔬菜的价格并制定表格(见表13-6),统计数据,分析研究。

表13-6 "蔬菜价格学习"示意表

调查时间	调查地点	蔬菜价格	我们的发现

(5)烹饪和营养组。调查餐桌上的蔬菜,统计同学喜欢吃的蔬菜;了解蔬菜的营养价值、食用功效及营养搭配;学做一道菜或向厨师学做蔬菜拼盘;将自己炒菜的过程和感受写成作文。

3.整理资料,交流汇报。密切联系学生自身生活和社会生活,体现对知识的综合运用,交流心得体会。

结语

综合上述教学方式,乡村学校特色课程在教学实施时,应该根据课程的具体内容,选用最适合的教学方式,真正让特色课程的教学与众不同,卓有成效。

作者:骆 婷 张红莹
杭州市临安区板桥镇板桥小学

第 14 问
乡村学校特色课程的作业形式有哪些?

　　作业作为学习效果的检验工具,是整个课程的有机组成部分。作业的设计是对课程意义进行重建与提升的创造性过程,也是达成课程目标的重要手段。但是,通过走访我们发现,就乡村学校已经开发的特色课程实施现状来看,老师们普遍比较重视课堂教学方式的创新,而对作业设计的关注度不高,缺乏利用作业来转变学生学习方式的意识。多数老师觉得现有作业形式单一,过于强调识记,也能明显感受到学生对于这类作业往往机械应对,但谈到如何设计新型的特色作业却感到一头雾水,无从下手。于是,我们就乡村学校特色课程的作业形式做了进一步的探究和梳理。

　　从某种意义上来说,乡村学校特色课程的作业也应该是一种"特色作业"。它是在学习借鉴一系列相关作业研究的基础上,在现代教育理论的指导下提出的。它是教师或学生根据课程特点和学生的年龄特点、成长需要、兴趣爱好以及当地的乡村生活实际所生发出来的,是集知识性、趣味性、生活性、实践性、延展性和综合性于一体的作业形态。作业的设计既要引导学生把握课程内容的重点,又要引导学生走出课本、走进生活、参与社会实践活动;既要达成训练思维启迪心智的能力目标,又要达成了解家乡、热爱家乡的情感目标。而作业的过程就要求与学生实际生活的乡土情境相结合,将学到的知识在生活中学以致用、融会贯通的过程。从杭州市现有的特色作业形式上来看,主要有拓展、综合、探究、体验、设计五类。这些作业的设计符合学生年龄特点和认知规律,能够激发学生的学习兴趣,且形式灵活多样;既紧扣课程内容,又联系现实,还能够融合各学科的知识并在实践中实现知行合一,且最终能够有效地达成学校特色课程的教学目标,见图14-1。

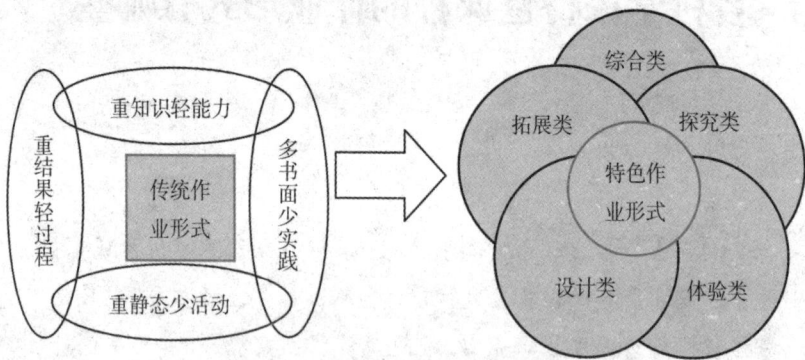

图14-1 乡村学校课程作业形式从传统走向特色

一、拓展类作业

拓展类作业就是在激发学生学习兴趣的基础上,引导学生以课内学习为起点,从点到线,从线到面,能够不断地主动去了解更多关于家乡的信息。拓展类作业的设计必须注重趣味性,要让学生在兴趣盎然中动脑、动口、动情、动手。它的呈现样态可以尽可能丰富一些,如"比一比""查一查""画一画""故事会"等。比如,通过学习家乡的童谣、民谚、民歌,了解、感受家乡的方言后,可以设计"比一比"作业,要求学生在表格中填写方言所对应的普通话词语,通过同义词比较方言与普通话的区别以及各方言区语言的异同。

乡村学校特色课程的学习内容除了教材中出现的内容要求学生熟知以外,教师更要在课外通过作业的方式鼓励他们走出校园,走进生活,积极主动地拓展学习一些相关的内容。这些拓展内容都是与教材内容有联系的,学生因为有了课堂学习的经验,他们的学习兴趣也更加浓厚。学生在拓展的过程中,结合自己的生活体验对作品中的形象进行补充、丰富、改造等再创造,或者对思想感情进行挖掘与提炼。因此,拓展作业完成后可以组织学生交流、讨论、探索形象的意蕴,还可以要求学生把自己新的理解和感悟记录下来。特色课程的拓展类作业让学生在拓展中体验、升华、了悟,形成人文精神,打好文化素养和心理品质的基础,帮助学生终身发展。

拓展类作业的根本目的是深化课堂知识,延伸课堂学习,加深情感体验,让学生在作业过程中提高获取信息、合作交往、思考表达的能力。所以对这类作业的评价,过程重于结果,应侧重考虑学生是否积极参与,是否在参与活动的过程中收获成长。评价载体可以是记录活动过程的《作业评价手册》,也可以是展现作业过程的汇报展示。

案例14—1　临安区昌化镇第一小学校本课程"印象昌化"

《为昌化人骄傲》介绍了以"许起凤"为代表的昌化才子故事,以"陈斗龙"为代表的昌化孝子故事,以"苏东坡""朱元璋"为代表的历史名人与昌化的故事,以"卢水根""姚世虎"等为代表的昌化英雄故事。单元作业运用了引导语来进行拓展:"昌化是一方神奇的土地,养育了很多有情有义的美丽人物,流传着许多感人的故事传说。陈斗龙千里寻母、许起凤八岁解难题、卢水根血染太平桥……这些美丽的家乡故事,瑰奇浪漫,亦真亦幻,是历史碎片的折射,是昌化人智慧的结晶,也是民族和国家的宝贵精神财富。"这些精心设计的导语创设了情境,在此基础上再做"讲故事""寻访身边的名人"的要求,便能水到渠成。作业要求学生采访并整理当地的人物故事,可以是过去的,也可以是当代的,并以小组比赛开故事会的形式进行,最终鼓励学生选出故事大王。这样的设计给学生带来更多的新鲜感,且可以吸引更多的学生广泛参与。

二、综合类作业

一部分作业融合了语文、数学、科学、音乐、美术、道德与法治等各学科的知识、能力和方法,让孩子由此及彼、学以致用,我们把这类作业称为综合类作业。当然,乡村学校特色课程中的综合类作业除了整合各学科知识能力外,更重要的是涵盖乡村生活的各个方面,作业内容从生活中来,作业成果到生活中去,解决真实的生活问题。

综合类作业因为涉及各学科以及生活的方方面面,需要有一定的专业知识和实践经验,面对求知欲强烈的学生,教师常常无法从容应对作业过程的全面指导。所以,一方面,教师要不断拓宽知识面,不断完善知识结构;另一方面,学校要积极组建一支跨学科的协作助力指导团队,人员包括学校管理人员、各学科教师、有经验的家长及社会专业人士等。例如,在完成当地特色小吃制作作业时,可以向科学老师请教相关的营养知识及最佳使用方式,可以向数学老师请教原材料的配比知识,美术老师可以指导小吃点心的创意设计……整个作业过程下来,学生从不同的方面得到了成长,在同一项作业活动中综合收获了各学科的知识,而且这些知识综合运用于生活实践,学生学得有趣,学得高效。

综合类作业的评价要全面了解学生在作业过程中的学习状态,激励学生的学习,促进学生的发展。具体包括:参与作业活动的情感态度;综合应用学科知识去观察、分析现实社会和生活中的具体事物与现象,解决现实生活中的实际问题的能力;在活动中与人合作、交往,解决问题的思考能力和解决问题的策划能力;对学习与生活关系的理解能力、实践能力;等等。

三、探究类作业

探究类作业是让学生以研究者的意识和态度,用观察、调查、探访、实验等方法去探究未知的知识,在探究过程中拓宽知识面,增强学习主动性。探究内容可以是某一知识的延伸,也可以是由某一观点引发的思考,更可以是某一说法的验证……它可以是短期的,也可以是长期的。因为作业中探究的主题来自学生生活的乡村环境,探究的过程与生活紧密相关,探究的解决能在一定程度上解决乡村生活中实际存在的问题,因此也增强了学生的探究欲望和成就感。

这样的探究作业，教师要加强作业前的引导，激发兴趣，与学生一起讨论制订探究方案；探究过程中，学生肯定会遇到各种困难、挫折，这时候教师要充分相信学生，不断地激励、激发他们的求知欲、责任感，锤炼他们的意志力，提高他们的自信心，更要想方设法为他们的探究指明方向，提供研究的时间和空间，引导他们多关注探究的实施过程。

这类作业的结果呈现往往会是一个简单的书面小报告，可以是图，可以是文，也可以是图文结合。但对这类作业的评价并不在于这份"报告"制作得有多精美，文字阐述有多精准，我们要关注的是学生通过类似科学家的探究性学习，提出问题，收集资料，分析整理，寻找答案，表达成果，进行交流，由此获得知识的要点，发展了探究思维和创造思维，形成一种问题意识和科学精神，逐步养成时时有发现、处处有探究的认知习惯。

案例14—2　临安区昌化镇第二小学校本课程"悦读家园"

在学习"昌化石斑鱼"一课之前，老师设计了一个观察探究作业，要求学生去观察身边熟悉的水生物，以图文形式记录观察到的内容，必须涉及它的形状、颜色、名称以及生活习性四个方面，最后把观察成果带到课堂上进行交流。这种形式的作业让学生了解了自己生活区域内的丰富水产资源，是以他们的生活世界为内容的，完成方式也不呆板，不会写可以画，画不准，交流的时候还可以用语言来补充。

四、体验类作业

体验类作业就是让学生带着学到的知识进入一个适合的、具体的乡土情境中去体验，去感受。这类作业不是课堂知识的简单重复，而是需要学生在体验中形成新的感知，解决新的问题。它不仅让学生在生活实践中获得了直接经验，取得第一手材料，还实现了学生认识的第二次飞跃，通过解放他们的大脑、双手、眼睛、嘴巴、时间、空间，学生把获得的知识和经验用于实践，指导实践,在实践中运用知识,"盘活"知识,自主思考,勇于创新。

体验类作业改变了传统的作业模式,为特色课程作业注入了新的内容和形式。它的作业形式生动、活泼、有趣,学生人人都能根据自己的兴趣来,找到自己喜欢的内容,用自己喜欢的方式去参与作业,在玩中学,在学中玩,热情无限,其乐无穷。

这是一项时间较长的实践性作业,在整个完成作业的过程中,学生可写、可读、可看、可操作、可玩耍,充分发挥学生的主动性和创造性,让学生动手、动脑、动口,符合他们好奇、爱动、形象思维占优势的特点。

这类作业的评价既要关注学生完成作业的结果,更要关注学生在作业的过程中所表现出来的具体进步与发展。具体包括:学生参与作业的投入度;学生完成作业的过程与方式;学生在作业过程中的自身体验;学生在作业过程中表现出来的计划性和创造性;等等。

案例14—3 临安区昌化镇第一小学校本课程"紫溪斜阳"

"紫溪斜阳"向学生介绍的是昌化地区的灵山秀水、名胜风景。有国家AAAA级景区——大明山,有国家级自然保护区——清凉峰,有华东地区有名的徒步线路徽杭古道,有神奇的溶洞风光——瑞晶洞,也有身边最熟悉的昌化溪、武隆山。学生通过这一课程的学习,对家乡的山山水水有了初步的了解,然后学生完成一项体验性作业:"同学们,家乡美丽的山水都向你敞开了怀抱,赶紧去走一走,看一看,别忘了用你喜欢的方式记下沿途的风景哦!"在这样的作业导语引导下,学生积极地实地走访,观察体验,用各种方式记录下途中的所见所闻,有的写游记,有的写生,有的摄影……在这一课程的学习结束之前,安排一节作业汇报课,学生在兴趣盎然的作业实践中,为家乡的自然美景而惊奇赞叹,更加坚定"我是昌化人,我爱我昌化"的信念,从而水到渠成地实现课程预设的情感目标。

五、设计类作业

设计类作业是在学生通过课堂教学习得一定的知识和技能之后,要求根据乡村地域特点进行合理设计,如旅游线路、参观方案或某一农具的设计等。这类作业,学生的个性极易发挥,但难度系数较大。在这类作业的实施过程中,教师指导得当最能激发学生的创造欲望和创造潜能。活动前,要充分计划,从作业的内容、组织、方法、过程等方面进行周密安排,引发学生设计的兴趣。刚刚开始设计时,学生往往会一开始就产生很多问题:设计从何开始、需要哪些工具、按怎样的步骤设计等。针对这些问题,教师应该引导他们搜寻并准确捕捉大量的有用信息,通过不断地探究解决这些问题。我们在实施过程中发现,设计类作业是培育创新思维的沃土,能淋漓尽致地发挥学生的聪明才智,同时我们也惊喜地发现,只要我们给学生提供这样的机会和平台,学生的创造潜能将不可限量。

设计类作业的评价重在让学生在一个轻松活泼的情境中,激发思维,乐于尝试,个性化创意得到体现和展示,尽管他们最后呈现的作品也许还不是很成熟,但我们要关注的是作品中蕴含的学生的情感、理想和创造性。

案例14—4　建德市乾潭二小校本课程"点石成金"

"最美绿道"是"点石成金"中的一课,它的作业就是一种设计作业。课前自主活动中要求学生收集卵石,确立设计主题,课中通过"视频导入,引导讨论""认识材料,明确要求""学生创作,教师指导""展示交流,体验成功"四个模块完成了学习主体,学生借助卵石,辅以图画而设计出"乾潭最美绿道"。

最后,布置的作业是学生自由发挥利用卵石来设计乾潭的民居、乾潭的大街等。学生在主动探究和参与中完成了学习任务,情智都得到了很好的激发。

这五类作业有时候并不是孤立的,有时候独立呈现,有时候以融合的形式呈现。这是由教学内容本身和学生的认知水平决定的。但无论哪一种形式，乡村特色课程的作业里都应该包含学生对乡村生活的观察、分析、感受以及已有知识技能的应用。最后呈现的作业成果，除了作业本身外，还有作业背后的知识、思维以及对乡村生活的关注和热爱。

乡村特色课程根植于乡土，教育成果也终归根于乡土，所以要设计出符合当地学情、突出家乡特色的"接地气"的作业。这样就可以把教学由封闭型转化为开放型，引导学生走出课本、走进生活，从而开阔他们的眼界、增长他们的见识。在作业过程中，学生能够接触到实际的家乡景、家乡人、家乡事，他们动手动脚、动笔动口、动脑动心，可以得到比传统课堂更加深刻的感性认识和情感体验，也更容易达到"了解家乡、热爱家乡"的教育目的。在实践过程中我们也发现，这五类作业形式是符合当前《关于深化教育教学改革全面提高义务教育质量的意见》文件中关于作业方向性发展政策的，所以，这五类作业形式不仅适用于校本课程，也可以向国家课程进行推广延伸，作业形式的变化必将促进学生学习方式的转变。

作者：王雁春

杭州市临安区昌化镇第一小学

第 **15** 问
乡村学校特色课程的学习评价如何开展？

　　　　近年来,杭州地区很多乡村学校陆续开发了自己学校的特色课程,孩子们选了课后,开开心心地进行了学习。一学期学下来,学得如何呢？这些特色课程的评价方式肯定有别于基础性课程诸如考试这样的学习评价的,各校也在不断尝试汇报演出、展板展示等进行评价,但总感觉没能够真正地体现出孩子们的学习效果。那么,对于乡村学校特色课程的学习到底应该如何进行评价呢？

　　学习评价是以学生的学习目标为依据,按照科学的标准,运用一切有效的技术手段,对学习过程及结果进行测量,并给予价值判断的过程。[①] 学习评价既是教师课堂教学实践的重要环节,更是对学生学习成果进行分析的主要渠道,通过学习评价,能使教师和学生知道学习过程的结果,及时地提供反馈信息,是教师与学生沟通的直接途径。从学习评价的主体来看,可以分为两种类型,即"他评"和"自评","他评"又可以分为"教师评""同伴评"和"家长评"三种;从学习评价的结果来看,可以分为过程性评价和终结性评价两种类型;从学习评价的形式来看,可以分为教师自制的各科测验、各类标准测验、行为观察记录、问卷法、交谈法、创作作品分析、技能实演、实验报告、研究报

---

① 王彪.刍议中小学美术课堂教学评价标准的研究[J].新课程(下),2019(10).

告、考察报告、个案分析以及各类奖惩等。①

　　校本课程学习评价是对学生在校本课程学习中的学习进展及其自身变化的评价,包括对学生在学习过程中所表现出的认知能力、情感态度和综合素质等多方面内容的评判,是检验学生课程学习实际获得和校本课程效果的重要内容。②然而,当前乡村学校的特色课程实施过程中在考查学生学习效果的时候,常规的学习评价方式并不能很好地发挥作用,因此,我们比较注重的评价理念是三个"重",即重过程、重表现、重发展。具体来说,一是凸显学生在学习评价中的主体地位,对于学习过程中的学习评价,学生也是重要的评价主体;二是根据特色课程的学习内容,科学设计评价量表;三是采用多种方式灵活多样地开展学习评价;四是在特色课程学习中突出学习过程的表现性评价。

　　目前,在杭州地区各校自行开发特色课程的探索中,已经形成了以下几种有效的评价方式(见图15-1)。

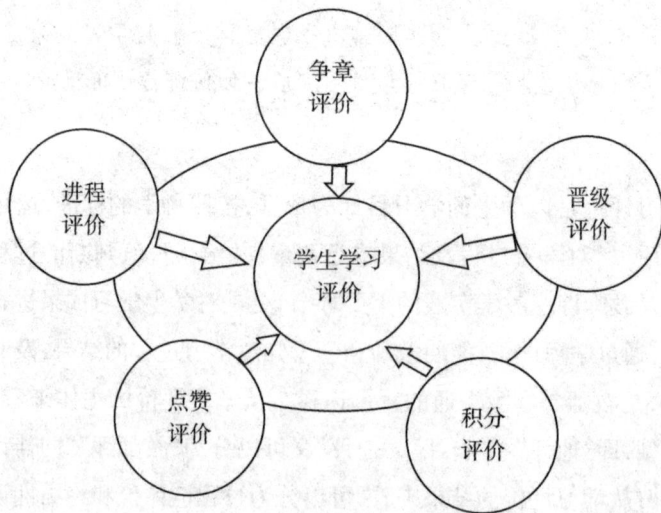

图15-1　乡村学校的特色课程学习评价类型

① 郭丽.学习效果评价[EB/OI].http://www.360doc.com/content/11/0525/18/5949809_119349640.shtml.
② 黄晓玲.校本课程学习评价的现状、特点、问题及改进[J].教学与管理,2020(2).

进程评价、争章评价、晋级评价、积分评价和点赞评价在乡村学校特色课程的学习中经常使用。

一、进程评价的开展方式

进程评价是指随着学生学习特色课程的过程,分阶段进行评价,注重学生学习的过程性与获得感,一步一个脚印,体现"留痕"评估,为学生的特色课程的学习积累下珍贵的过程性资料和学习成果的展示。一般从采取对课前、课中和课后三个进程的评价,以活动参与为重点,以活动收获为指标,坚持主体多元、内容多维的原则,特别强调评价的持续性,强调发挥评价对学生活动过程和素养发展的方向引领与过程性的呈现。

案例15—1 临安区昌化镇第二小学
"悦读家园"特色课程的学习评价

"悦读家园"特色课程的学习评价针对其活动型特色课程普遍存在的三活动环节进程进行评价,每个环节的评价各有重点。

(一)课前自主探索活动评价:重态度,重方法

课前自主探索活动评价,其评价的是"课前自主活动"这一学习模块,评价的关注点是学生学习的主动性和方法的科学性,聚焦孩子实践能力的发展。评价从学生"参与自主学习是否积极""参与自主学习过程是否有效""参与自主学习的方法是否得当"三个维度来设计,通过学生自我评价和教师评价来实施完成评价任务。课前自主探索活动评价量表如表15-1所示。

表15-1 课前自主探索活动评价量表

评价内容	自评	教师评
我认真参与了课前的自主学习。	☆☆☆	☆☆☆
我觉得自己收集的资料或所做的探究有价值。	☆☆☆	☆☆☆
我能够选用合适的方法完成自主学习任务。	☆☆☆	☆☆☆

上述是一个最基础的课前活动评价量表,在具体的课程实施过程中,我们又根据每一课的具体活动内容和课程实施要求对评价内容做出一定的细化,使其更具针对性,能真正发挥评价的诊断性作用和引领作用。

同时,也可以根据具体的特色课程的学习活动设计不同的评价表(见表15-2)。

表15-2 "忠孝文化"课前自主探索活动评价表

课 前	自我评价( )☆ 教师评价( )☆ 1.我认真查阅了与忠孝内容有关的资料。(2☆) 2.我查阅资料的方法有阅读书籍、看电视、询问长辈、上网等。(2☆) 3.我能把查阅到的故事分享给大家听。(2☆)

经实践检验,这样的评价表是行之有效的,能充分地衡量学生在课前自主学习探索的状态,为接下来的课堂活动有序有效展开做充分的准备。

(二)课中合作学习活动评价:重参与,重过程

课中合作学习活动评价,其评价的是"课中合作(表演展示)活动"这一学习模块,评价的关注点是学生在整个课堂活动中合作与参与的深度,重视学习过程的收获,聚焦信息提取和问题解决效果。评价从"学生参与课堂活动的积极程度""课堂学习中主动交流的能力""小组中团队合作的有效性""活动结果或问题是否有效解决"四个维度来设计,通过学生自我、小组、教师评价来实施完成评价任务。课中合作学习活动评价量表见表15-3。

表15-3 课中合作学习活动评价量表

评价内容	自评	小组评	教师评
我对课堂学习保持有足够的兴趣和积极性。	☆☆☆	☆☆☆	☆☆☆
在活动中我能主动说出自己的想法。	☆☆☆	☆☆☆	☆☆☆
小组成员间能有效合作和配合。	☆☆☆	☆☆☆	☆☆☆
学习任务完成的效果好,有新收获、新发现。	☆☆☆	☆☆☆	☆☆☆

这份评价表,其评价围绕课堂活动中学生是否有效且深入地参与学习来展开进行,学生是否在实践活动中培养了信息提取能力,是否能主动形成思考并在活动中解疑,并借助小组集体智慧解决问题,这些是我们在评价中要着力呈现给大家的,这样一个评价指标的建立有利于学生真正形成知识和能力,促进其综合素养的发展。

(三)成果展示活动评价:重创新,重能力

成果展示活动评价,其评价的是"课末成果展示活动"这一学习模块,评价的关注点是成果展示的创意表达,重视学生思想方面的收获,聚焦学生想象和思维能力的发展。评价从"学习成果发布的形式和方法""所呈现的作品表述的完整性和流畅度""实践的收获和体会"三个维度来设计,通过学生代表、教师评价来实施完成评价任务(见表15-4)。

表15-4　课末成果展示活动评价量表

评价内容	学生代表评	教师评
学习成果发布的形式和方法是否有独有的特点。	☆ ☆ ☆	☆ ☆ ☆
小组代表对展示作品的介绍是否完整和流畅。	☆ ☆ ☆	☆ ☆ ☆
能否对整个学习活动做一个总结性描述,讲出收获和体会。	☆ ☆ ☆	☆ ☆ ☆

有别于关注知识习得的传统的学习结果评价,此评价根据课程综合性和活动性特点,评价点从以学生能做到的为出发点,关注学生能力的培养,关注学生创新思维的发展,学生在有所选择中迸发出潜能,真正学有所用、学有所获。

我们看到,这样的一个对活动型特色课程普遍存在的三个活动环节进行的学习评价,能使我们的评价不泛泛而谈,小而精细的切口能真正发挥评价对学生活动过程和素养发展的方向引领与过程性的诊断作用,发挥评价的真正作用。

二、争章评价的进行

争章评价源于少先队的"雏鹰争章"活动,将特色课程的学习板块设置成若干"章",鼓励学生在相关学习活动中努力"争章",从而达到对学习评价的目的。

案例15—2　淳安县姜家镇中心小学
"边角课程"特色课程的学习评价

通过学生自主资料检索、选择,学生选定科学家"达尔文"为小博物学家印章的代表人物;选定"袁隆平"为农事研究小院士印章的代表人物;选定"钱学森"为小科学博士印章的代表人物;选定"茅以升"为小STEM工程师印章的代表人物;选定"爱迪生"为小科学达人印章的代表人物(见图15-2)。印章发放时,教师可对照评价表中的学生发生的科学实践行为进行观察,在4大指标16个具体标准中,如果每格指标都能达到2项及以上,且总的标准符合12项,那么这名学生就能获得一个相应的印章。

图15-2　"边角课程"特色章

在争章评价过程中需要把争章活动与学校各主题活动或特色课程学习相融合,以奖章为激励手段,以各类学习活动为载体,引导学生们在活动中争章,在课堂中争章,在家庭、社会中争章。

三、晋级评价的实施策略

晋级指晋升到较高的等级,加"官"晋级。在体育比赛中,"晋级"的说法

主要出现在淘汰赛阶段,指两支球队比赛中取得胜利的一支球队获得继续参加比赛的资格,即为"晋级",或升了一级,如从乙级升到甲级,晋级评价即来源于此。在特色课程的学习中,学生根据各维度的评价,可以一路晋级。

案例15—3　临安区博世凯实验小学"博娃乐"特色课程的学习评价

在"博娃乐"特色课程的学习过程中,每个学生根据自己所积累的分值,一路不断晋级,根据评价标准评选出"铜章""银章"和"金章"少年。在该课程的学习中,只要获得区级以上两次奖励可以直接评为"阳光博娃"。每个课程的分值根据课程开展情况由指导老师和学生共同计算,因此,每个课程的分值也各不相同,每个学生只要达到该星级标准均可获得。如果没有达到评选的分值,只要在课程学习中认真,有进步,都可获得"好博娃"的称号。

四、积分评价的操作

积分评价,简言之就是采用积分对学生的学习情况进行评价,通过用积分的形式进行全方位的量化评价,并且与团队(小组)的学习情况挂钩,从而实现最大化地调动学生学习的积极性。

案例15—4　临安区玲珑小学"STEM项目"特色课程的学习评价

STEM项目学习的过程就是工程类过程,因此测评要点为工程过程的七个节点:识别问题,绘制设计图,制作模型,测试并收集数据,数据分析,再设计、制作及交流汇报。为了防止教师主观评价的随意性,特对每个工程过程的节点进行层次划分并对相应层次进行详细的描述。STEM项目学习的迭代性造就了能力发展的进阶性,即同一个工程过程节点学生会多次经历,对同一节

点的每次表现进行量化测评并积分,便可动态监控学生能力的发展,此表可通用于技术工程类的STEM项目(见表15-5)。

表15-5 STEM项目学习能力测评表

组别_____   小组成员_____、_____、_____、_____

工程过程	1分			2分			3分			小计
识别问题	识别少部分问题			识别大部分问题			识别全部问题,且能清晰理解			
	初次	修改1	修改2	初次	修改1	修改2	初次	修改1	修改2	
绘制设计图	设计图应对问题,但无尺寸、标注,绘图比例与真实不符			设计图应对问题,有尺寸、标注,但绘图比例与实际不符			设计图应对问题,有尺寸、标注,绘图比例与实际相符			
	初次	修改1	修改2	初次	修改1	修改2	初次	修改1	修改2	
制作模型	与设计图相似度较低			与设计图相似度一般			与设计图相似度极高			
	初次	修改1	修改2	初次	修改1	修改2	初次	修改1	修改2	
测试并收集数据	只满足下列标准1条: 1.测试方式正确有效 2.测试多次 3.收集的数据应对问题			只满足下列标准2条: 1.测试方式正确有效 2.测试多次 3.收集的数据应对问题			满足下列标准3条: 1.测试方式正确有效 2.测试多次 3.收集的数据应对问题			
	初次	修改1	修改2	初次	修改1	修改2	初次	修改1	修改2	

续　表

工程过程	1分			2分			3分			小计
数据分析	数据分析合理度较低			数据分析合理度一般			数据分析合理度很高			
	初次	修改1	修改2	初次	修改1	修改2	初次	修改1	修改2	
再设计、制作	只满足下列标准1条：1.数据分析被用于修改 2.设计图同时修改 3.按照修改设计图制作			只满足下列标准2条：1.数据分析被用于修改 2.设计图同时修改 3.按照修改设计图制作			满足下列标准3条：1.数据分析被用于修改 2.设计图同时修改 3.按照修改设计图制作			
	初次	修改1	修改2	初次	修改1	修改2	初次	修改1	修改2	
交流汇报	只满足下列标准1条：1.复述问题 2.清晰表达分析数据后的设计 3.讲述当前阶段产品的效果			只满足下列标准2条：1.复述问题 2.清晰表达分析数据后的设计 3.讲述当前阶段产品的效果			满足下列标准3条：1.复述问题 2.清晰表达分析数据后的设计 3.讲述当前阶段产品的效果			
	初次	修改1	修改2	初次	修改1	修改2	初次	修改1	修改2	
总计										

五、点赞评价的实施

点赞评价是学生之间相互评价的一种方式,评价主体是学生。它的评价形式通常以"超棒(或很棒、棒)+简短评语"组成,分成逐层递进的"棒、很棒、超棒"三种类型,以激励学生在乡村学校特色课程中的学习。

案例15—5 淳安县姜家镇中心小学"才艺小能手" 课程学习评价

在"才艺小能手"课程的学习中,经常用点赞的方式开展评价,并设计了不同的图案代表点赞的热烈程度,"大拇指"代表棒,"牛"图标代表很棒,用"狮子"图标代表超棒(见右图)。其中棒是指同学在学习中的行为和结果与自己的预想有一定落差;很棒是同学在学习中的行为和结果与自己预设的差不多;超棒是指同学在学习中的行为和结果让自己非常崇拜。通过这样的评价方式,学生能够自主地表达特色课程学习中的感受与收获。

 超棒

 很棒

 棒

乡村学校特色课程的建设直接关乎每一个孩子兴趣特长的发展,学校应该为他们搭建好这个平台,并不断优化管理,提升效能。并且,特色课程因设立的方向、侧重有所不同,所以特色本身的起点、参与人员的基础等都会有所区别。因此要合理、科学地对学生的学习进行评价,提升学习效率,从而做到尊重每个孩子的个性,发现他们天赋潜能中的亮点,真正使孩子快乐地学习成长。

作者:胡云峰

杭州市临安区玲珑小学

第四编　学校课程的领导和管理

第 **16** 问
乡村学校需要怎样的课程领导?

> 　　三级课程管理体制确立的依据是人本位的教育取向,也赋予了学校一定的课程管理权力。然而事实情况是,课程资源呈现二元对立,即课程改革具有城市取向,而开发农村乡土课程资源相对迟缓。对此,扭转以城市化为取向的课程开发,更好地满足农村社会发展的需要和农村学生发展的需要,具有重要意义。如何认识乡土课程资源的概念、功能、价值与规划、分类、开发、实施、评价等,需要有课程领导来引领乡村学校的课程开发。

　　课程领导是学校领导者以其专业知能及影响力引领学校课程建设、促进学校发展的过程。领导者基于课程专业知识经由各种领导行为,整合各项资源带动教育环境相关人员进行课程规划、课程发展、课程设计、课程实施、课程评鉴以改进课程质量,提升学生学习效果,达成课程目标的历程,以促进学校中的人、事、物共同发展的过程。

　　乡村学校课程领导急需得到提升。由于我国对课程能力的培养一直以来较为欠缺,无论是教师还是校长,在课程能力上普遍比较薄弱。在课程改革实践中,一些学校出现了课程目标偏离、内容空洞、组织无序、评价空泛等现象。特别是乡村学校,教师人数少,教师流动性比较大,在课程资源的规划、开发、实施、评价等方面存在课程领导力的欠缺情况,课改中步履维艰。

提升乡村学校课程的领导,学校、教研组、教师个人三个层面缺一不可。

一、校级层面的课程规划与领导

学校层面的课程领导决定乡村学校课程的方向。校长是乡村学校课程领导的"领头羊",只有乡村学校校长课程领导力得到提升,才能够领导学校教育发展的方向,提升课程质量,从而推进乡村学校整体建设发展水平,全面地提升乡村教育发展的质量。

1.制定学校课程规划

这是学校层面课程领导的主要任务。校长需要主动学习新课程理念,挖掘学校文化特色,对课程的价值追求有准确的定位,形成自己的课程设想。校长的课程意识是课程规划的前提。而后,基于课程改革理念、课标要求、课程价值等学校课程的品质追求形成顶层设计,确立课程在学校办学中的重要作用。每个学校的校情不同,校长需要立足符合本校办学理念、历史文化积淀、学生学情特点、教师队伍情况等方面具体实际,进行个性化的课程规划,通过课程改革引领学校发展。

例如,桐庐县莪山民族小学以各级教育行政部门的文件精神和《义务教育课程标准》等为依据,根据培养知书晓理、情趣高雅、阳光健康、好学求新的时代畲娃的需要,制定学校畲韵课程,把知识技能的学习与学生创新精神、实践能力和传承畲族文化有机结合(见图16-1)。

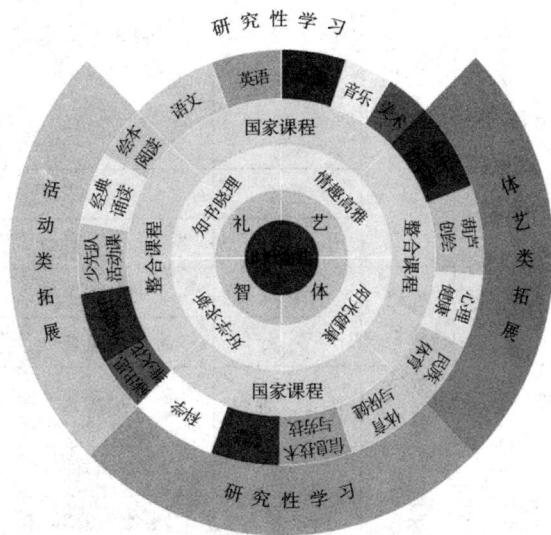

图16-1 桐庐县莪山民族小学畲韵课程结构

2.开发学校校本课程

基于学校对国家课程的正确理解,结合学校特色与育人目标开发校本课程,在国家课程实施中补充教学内容。校长通过对课程开发的引领与组织,直接影响学校师生在课程实施过程中将课程学习落实。在学校教育教学过程中积极开发资源,构建和谐有效的课程是实施课程改革的依据。

如莪山民族小学根据学校的办学理想和培养目标,通过对学校教育教学资源和本校学生的需求进行客观科学的评估,充分利用学校的课程资源和社会课程资源开发多样性的、可供学生选择的校本课程。

案例16—1　桐庐县莪山民族小学畲韵课程内容设置表

课程群	培养目标	基础性课程	拓展性课程	
			选修(社团)校本课程	课程实施活动
礼	知书晓理	语文	"快乐学畲语"	3月校园畲族文化艺术节 4月葫芦种植启动仪式 5月民族体育运动会 7月畲娃假期闯关之旅 10月葫芦收获节 11月游畲乡研学活动 12月寻访畲味活动
		英语	"灵动ABC"	
		道德与法治	"品畲味""游畲乡"	
艺	情趣高雅	音乐	"快乐竹竿舞"	
		美术	"葫芦种植与创绘"	
体	阳光健康	体育与保健	"玩畲戏"	
智	好学求新	科学	"葫芦种植"	
		数学	"思维火花碰碰"	
		信息技术	"网游世界"	

3.制定学校课程评价

课程评价的对象包括课程的目标制定、方案设计、执行过程,也包括学校学生、教师、团队的活动表现以及发展情况。根据课程需要达到的育人目标,设计学校校本课程评价量化表,以规范校本课程编写和为校本课程改进提供依据。

案例16—2　桐庐县莪山民族小学校本课程评价量化表

校本课程 名称		评价人		评价时间	
内容分值	具体指标及分值				分值
课程开发意义(10分)	1. 课程是与国家课程、地方课程紧密联系的,是对其的补充,是彰显学校特色的。(5分)				
	2. 课程促进学生的个性发展,提高学生的各方面素质。(5分)				
教学目标 (15分)	1. 目标明确清晰。(5分)				
	2. 知识、能力和情感目标齐全。(5分)				
	3. 考虑到学生分层的因素,贯彻因材施教的原则。(5分)				
课程内容 (50分)	1. 教材框架清晰,有序列性。(20分)				
	2. 教材内容科学、启发性强、突出实践能力的培养。(15分)				
	3. 能面向全体学生,受学生喜爱,家长认可。(15分)				
实施成果 (15分)	1. 能激发并维持学生对该课程的兴趣,学生评价良好。(5分)				
	2. 能及时收集、整理学生学习的过程性资料。(5分)				
	3. 指导的学生能举行一定范围的展示活动。(5分)				
综合评价与 改进意见					

学校对课程进行全面而有质量的评估,定时期、定方式地对课程实施进行评价反馈,提出建设性的建议,在与教师的交流互动中发现和解决问题,是

有效提升评价力的实践路径。

4.提供学校课程保障

课程实施是通过教育教学活动,影响学生全面发展,促进教师专业能力提升,树立学校课程品牌,形成学校办学文化的综合性过程。校长通过各种管理制度与措施,保障课程顺利实施,达到预期成效。

案例16—3　桐庐县莪山民族小学课程保障制度

1.制度保障

为了确保课程建设与实施顺利进行,学校制定并完善了课程开发与开设相关制度,如《莪山民族小学课程实施方案》等课程建设专项制度,形成了符合学校实际情况的课程管理条例。

2.师资保障

师资是课程的开发、实施的关键,在积极引进学生家长和外聘教师这些社会资源的同时,加强教师课程开发能力的培训。

(1)加大教师继续教育培训力度,统一课改认识,鼓励教师不断提升教育教学能力,不断扩大自身的知识面,努力向"一专多能"型教师迈进。

(2)鼓励和支持教师到相关的社会培训机构去培训,教师只需凭借培训后的专业技能证书,就可以报销所有的培训费用,另外,还可以获得学校一次性的资金奖励。

(3)在邀请学生家长、外聘教师等一些专业教师来学校给学生上课的同时,我们也鼓励和支持学校内有兴趣的教师向这些专家拜师学艺,学校对这些去拜师学艺的教师也给予一定的课时津贴。

(4)邀请众多的课程专家来为全体教师作与课程建设相关的专题讲座,在理论上指导教师如何进行课程的开发。

3.教学场地

积极发掘学校、社区的教育资源,保证校本课程教学的正常开展。

4.经费保障

加大课程开发、开设的经费投入。第一,用于教师课程开发激励性奖励;第二,用于与选修课程相关的硬件设备的更新;第三,用于给予课程教师一定的课时费补助。

二、教研组层面的课程建设与执行

乡村学校教师人数少,每个教研组人数也很少。教研组长是乡村学校教育教学的中坚力量,也是乡村学校课程领导的主力军。

1.开发校本课程

乡村学校一个校本课程的开发,可以是一个教研组独立完成,也可以是多个教研组合作完成。

例如,桐庐县莪山民族小学是一所山区小微学校,教职工只有17人。一至六年级六个班级。6位语文教师(其中一位教研组长)、4位数学教师(其中一位教研组长)。音乐、美术、体育等学科一个学科一个专职教师,专职教师就是教研组长,其他是语数兼职教师担任。

基于师资不稳定,青年教师容易向城区发展,采取"分层抱团"的策略开发课程,即一个教研组长带领本组或其他兼职教师2—4人组成小群体开发课程,避免教师流动而影响课程开发和开设。

案例16—4　桐庐县莪山民族小学"畲韵"校本课程群开发

校本课程名称	负责教研组	组员及学科	奖项
"葫芦种植与创绘"	科学	美术教师2人,科学教师1人	市精品课程
"快乐竹竿舞"	音乐	音乐、美术教师各1人	市精品课程

续 表

校本课程名称	负责教研组	组员及学科	奖项
"品畲味"	综合实践活动	语文、数学、科学教师各1人	市精品课程
"快乐学畲语"	综合实践活动	数学教师1人,语文兼美术教师1人	县精品课程
"游畲乡"	综合实践活动	语文教师2人,数学教师2人	县精品课程
"玩畲戏"	体育	体育教师1人,信息技术教师1人	县精品课程

以"畲韵"为课程开发与实施的核心,以多元为课程开发与实施的维度,积极发掘学校、社区等多方教育资源,选择与整合各类课程,加强具有学校特色的拓展性课程的研究与开发。积极鼓励教师参与学校课程的开发和建设,为教师创设各种条件,努力提高教师的专业水平、研究能力和创新能力。根据课程和教材研究开发过程中的实际情况,成熟一门,推出一门,逐步丰富、完善学校课程,为学生提供更为丰富的、选择性更为多元的学校课程,并逐步形成分层递进式的高质量课程。

2.展示课程实施成果

在一次主题活动结束时,组织成果分享,如组织童谣、主题征文、绘画、研究报告等评比。

例如,莪山民族小学游畲乡研学活动结束后,美术组在低段开展"游畲乡绘畲情"绘画展。孩子们用稚嫩的画笔,描绘出他们眼中绚烂又奇妙的"畲家风情"。栩栩如生的人物、逼真的山水画、古色古香的建筑作品,表达了学生对家乡的喜爱。

语文组在高段开展"绿色环保行爱我畲乡游"征文活动。学生通过自己在活动中及平时生活中的观察与感受,书写畲乡的风景美、人文美,记录身边的变化,反映家乡的发展,感受在党的领导下,建设美好家园的艰辛历程和取得的辉煌成就,表达对家乡的热爱与赞美。

图 16-2　畲乡游学生成果展评

三、教师层面的课程实施与评价

教师是课程的具体执行者,同时也是课程的创造者,其中既包括对国家课程的创造性的实施,也包括利用自己的专业和非专业优势,在学校的课程框架内,按课程的基本要素,为学生提供可资选择的教育教学资源。

1.教师参与校本课程开发

莪山民族小学在开发"游畲乡"校本课程中,课程开发组5位教师作为课程的开发者和主要组织者,设计学习活动,编写校本课程。在活动中,承担目标设定和活动方案设计、评价组织等工作。

教师走访了畲乡每个村落,通过对整个乡的活动资源调查了解,梳理出五个方面的活动内容:标志性建筑、古建筑古村落、爱国主义教育基地、五水共治与新农村建设、村文化礼堂。根据学生年龄特征和认知水平,设计研学内容、研学路线和出行方式。

案例16—5　桐庐县莪山民族小学研学活动设计

年级	研学内容	研学路线	出行方式
一年级	走向团结门	畲乡创客中心、垃圾处理站、团结门	步行

续　表

年级	研学内容	研学路线	出行方式
二年级	参观李氏花厅	幸福公园反邪教爱国主义教育基地、李氏花厅	步行
三年级	游览山哈绿道	山哈绿道、和谐门、中门村文化礼堂	步行
四年级	寻访红曲酒文化园	红曲酒文化展厅、龙峰村绿道	乘车+步行
五年级	探秘莪溪畲寨	一指峡谷景区、畲乡山寨、幸福门	乘车+步行
六年级	穿越畲乡秘境	畲乡山寨、畲乡秘境、戴家山古村落	乘车+步行

整合设计研学活动。活动有效实施,需要多学科的渗透,特别是与地方课程、综合实践活动课程、语文课程等进行整合。如六年级《穿越畲乡秘境》研学活动,涉及古诗词积累、调查报告、折线统计图、手绘地图等跨学科领域学习,教师在设计学习目标、学习内容、学习资源等方面就需要充分研究相关课程或学科的课表和教材。同年级不同学科教师相互协调配合,开展综合性学习,共同达成课程目标。

2.教师组织校本课程实施

社团学习中,教师充分激发每一位学生参与课程选修的主动性与自觉性,引领每一位学生积极投入课程的选报与学习活动中去。

如游畲乡研学活动课程,每位教师都参与课程实施,班主任根据学校研学活动总方案制订适合本班级的研学活动方案。方案中包含活动时间、安全责任人与安全预案、带队老师、活动具体要求等。

案例16—6　桐庐县莪山民族小学游畲乡研学活动人员安排

年级	研学路线	带队老师	分区负责人
一年级	畲乡创客中心、垃圾处理站、团结门	班主任、副班主任	教导主任

年级	研学路线	带队老师	分区负责人
二年级	幸福公园反邪教爱国主义教育基地、李氏花厅		总务主任
三年级	山哈绿道、和谐门、中门村文化礼堂		少先队辅导员
四年级	红曲酒文化展厅、龙峰村绿道	班主任、副班主任	校长
五年级	一指峡谷景区、畲乡山寨、幸福门		副校长
六年级	畲乡山寨、畲乡秘境、戴家山古村落		办公室主任

1.带队教师第一个是班主任,本班活动责任人,制订班级活动方案与安全教育
2.每班5名家长志愿者

3.教师组织校本课程评价

(1)学生学习评价

在课程开始前,教师带领学生学习评价量化表。教师指导学生用多种形式展示学习成果,根据各门课程学习活动目标要求和评价细则,开展自我学习评价和同伴互助学习评价。

案例16—7　桐庐县莪山民族小学校本课程
"游畲乡"学生学习评价量化表

班级		姓名		活动指导教师		
项目	序号	评价细则	评价			
			自评	互评	教师评	
举止文明	1	游览时保持环境卫生				
	2	能遵守游览规则				
学习态度	3	能积极主动参与教学活动				
	4	对学习有浓厚的兴趣				

续　表

项目	序号	评价细则	评价		
			自评	互评	教师评
合作意识	5	能服从分工并完成任务			
	6	能热心帮助别人			
探究意识	7	经常发现和提出问题			
	8	有收集和整理信息的能力			
组织能力	9	有一定的策划活动能力			
	10	有一定的组织协调能力			
教师综评					
备注	能做到打"☆",不能做到打"○"。教师综评以文字描述形式评价。				

（2）课程评价及改进

课程评价是为了不断改善学校课程结构,完善学校课程计划,提升课程实施效率,提高学生学习成效,促进学生全面发展,增进教师自我反思和专业成长。

案例16—8　桐庐县莪山民族小学课程评价流程

1.课程老师分析学情,确定目标,选择内容,撰写《课程纲要》,交课程领导小组审议。

2.每次课前备出简案,领导小组定期检查、督促。

3.每次上课时间,领导小组进行检查,登记上课人数,检查课堂纪律,了解教学内容,切实保证校本课程质量。

4.针对课程实施中的具体问题,定期召开校本课程教师研讨会,进行总结、交流、探讨,确保课程内容顺利实施。

5.每期召开一次学生、家长代表会议,倾听他们对课程内容及实施的意见,并反馈给上课老师,修订、完善课程内容,调整实施方法。对个别教师在实施过程中遇到的具体困难,课程领导小组及时给予引导、帮助,共同商量解决办法。

总之,学校课程领导是价值思想的领导和课程文化的领导,需要校长的文化自觉和教师的文化共识。我们应当树立"以学生发展为本"的课程发展观念,必须基于学校教育情境和课程现状,从关注学习者和学习过程入手,把支持和帮助所有人学习作为终极目标,为提高学生学习生活品质服务。

作者:韩烈琴

杭州市桐庐县横村小学

第 17 问
乡村学校课程管理制度怎样建设?

　　《浙江省教育厅关于深化义务教育课程改革的指导意见》提出义务教育课程改革总体目标:在体现义务教育基础性、全面性和公平性的基础上,强化选择性教育思想,进一步完善课程体系,加强课程建设,创新教学方法,改进教育评价,积极推进差异化、个性化教育,促进学生全面而有个性地发展。如何建设拓展性课程的开发、实施、评价和共享机制,体现地域和学校特色,突出拓展性课程的兴趣性、活动性、层次性和选择性,满足学生的个性化学习需求,是乡村学校课程建设面临的现实问题,而学校课程管理制度建设是强有力的抓手。

　　学校课程管理制度包括学校课程开发与审定制度、课程实施制度、课程评价制度、课程保障制度等几个重要方面。由于乡村学校课程管理制度不完善,学校课程建设往往存在以下问题:在课程的开发方面,存在课程设置随意,甚至对课程不进行审定,导致重复、低质量课程以及与不符合学校特色的课程出现;在实施中,教师、学生职责不明确,课程开设后授课随意;在评价上存在主体单一、形式单一等问题,不利于学生成长、教师发展、课程建设;在课程经费、教师培养等方面缺乏制度保障。针对以上情况,提出课程管理制度的建设意见。

一、课程开发与审定制度的建设

课程的开发与审定制度是对拓展性课程开发中的规划、设计、评审等环节规范化，并对已开发的课程进行筛选和优化的制度，包括课程的开发制度和审定制度。学校应明确课程开发与审定的流程，制定完善的课程开发制度和严格的课程审定制度，保障课程开发的规范性与课程审定的有效性。

(一)明确课程开发与审定的流程(见图17-1)

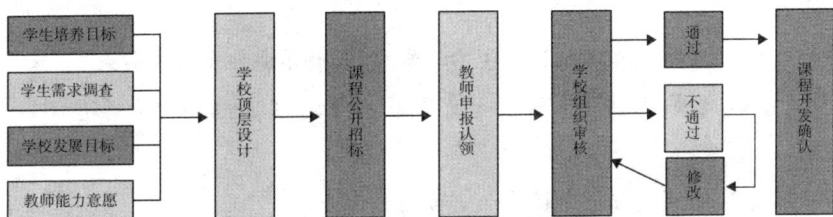

图17-1　学校拓展性课程的开发与审定的一般流程

(二)建立完善的课程开发制度

规范的课程开发制度应对以下方面做出明确规定：学校课程指导委员会和课程审查委员会的建立、课程开发指导性文件、课程开发原则、课程开发材料等。学校进行课程开发时，应严格遵照指导性文件和课程开发制度进行。

案例17—1　桐庐县分水实验小学课程开发制度

第一条：学校建立课程领导小组，由校长任组长，副校长任副组长，校务班子成员和各课程老师任组员。课程领导小组制定学校课程开发整体思路，为教研组和教师开发课程提供服务和支持。

第二条：学校建立课程审定小组，由校长任组长，教学副校长和教科室主任任副组长，校务班子成员任组员。课程审定小组对上报的课程进行审定。

第三条：课程领导小组每学期应召开课程建设专项会议，对《桐庐县分水实验小学上·善课程开发与实施方案》进行适时修订，对本学期课程进行适当增删。

第四条:课程开发要适应学生的发展,关注学生的个体差异和个性需求,能遵循"促进学生发展,又要注意安全;符合学校的办学理念,又要体现课程特色"的基本原则。

第五条:开发的课程要有相对应的文本,文本主要包括以下四部分。

1.课程纲要:包括课程设计思路、课程理念、课程目标、课程内容、课程设置、教学建议、评价建议。

2.课程学习手册:手册具有指导学与教的功能,有基本的内容结构,能编印成册。

3.教学案例:课程实施过程中的教学设计、教学课件及教学实录等。

4.教学成果:即课程开设情况满意度、教学随笔、研究论文及学生学习成果等。

第六条:该课程属于教师自主开发或改编。

第七条:参与申报的教师认真填写《桐庐县分水实验小学课程申报表》。

(三)执行严格的课程审定制度

课程审定制度规定课程审查委员会对教师申报的课程开发方案进行审定,审定应注重实施前、实施中、实施后三阶段审议,并建立课程淘汰机制。审议内容包括:课程目标是否与学校的总体目标相一致,课程内容和学习材料的容量和难易度是否合理,课程实施对培养学生核心素养是否有积极作用,教师是否能胜任等。审议通过的课程,经课程指导委员会同意,编入《学校拓展性课程目录》。

案例17—2 临安区晨曦教育集团西校区的课程审核制度

第一条:成立学校课程领导小组——"课程研学中心"。

第二条:对教师申报的特色课程进行三阶段审核。实施前审核,注重构建,完成基础课程与特色课程的重构。实施中审核,追求发展,建立实施过程与学生发展的联系。实施后审核,关注积累,达成课程建构与反思能

力的提升。

第三条：对课程进行分门别类，建立课程淘汰机制。符合学校特色课程条件，评价合格的，升级为正式课程；审核合格的，但实施后学生给差评的，淘汰；课程设计存在明显问题或与学校特色课程设置不吻合，淘汰。

二、课程实施管理制度的建设

课程实施管理制度是对课程实施各项过程进行明确规定的强制性制度，包括教学管理制度、学分管理制度等。课程实施是再创造的动态过程，应遵循教师的心理和行为规律，充分考虑到教育对象的复杂性，制定合理完善的课程实施管理制度。

（一）规范执行教学管理制度

课程教学管理制度的主要内容包括对教材、教学参考资料的选择、编写及使用情况的管理，各门课程教师的配备，教学活动的组织和安排，教学工作常规的制定和检查，教学基本环节的常规管理以及课外、校外活动的安排、组织和指导等。

案例17—3　桐庐县分水实验小学拓展性课程教学管理制度

第一条：标准管理。每门拓展性课程都制定《课程纲要》，按《课程纲要》进行教学管理。

第二条：备课管理。学校每学期开展两次教学常规考核检查，对基础性课程和拓展性课程的教案进行检查考核，考核结果纳入教师学年度业务考核。

第三条：课堂管理。拓展性课程按《课程纲要》管理课堂。

第四条：作业管理。课堂作业重点开展巩固型、拓展型和综合型练习的探索；课外作业重点开展活动型、实践型、合作型、综合型练习的探索。作业设计讲求"精"，作业批改要求"实"，切实做到学生作业每次"做、批、改、评"都得到百分百落实。

(二)积极探索学分管理制度

学分管理制度应包括学分认定的机构、流程、方法、管理办法等。为保证学校课程实施顺利进行,学校应积极探索并建立课程学分管理制度。学分认定的流程应规范,管理需灵活。

案例17—4　桐庐县分水实验小学学分管理制度

第一条:成立学分认定小组,其中教学副校长任组长、教导主任任副组长,教导处副主任为学分认定小组组员。

第二条:学分的认定流程按照《桐庐县分水实验小学学分认定办法(试行)》进行。

第三条:学分认定包括基础学分(包括研究性学习、社区服务与社会实践等必修学校课程以及丰富多彩的选修与活动课程)和奖励学分(各种类型的荣誉加分、获奖加分等)的认定,其中奖励性学分的认定需要学生提供证明材料(原件查看和复印件存档)。

第四条:由于特殊原因学习中断,补修参照《桐庐县分水实验小学学分补修办法(试行)》。

第五条:每学期末,在学校学分认定后,填写课程学分认定总表。

第六条:学生拓展性课程学分计入学生成长系统。

(三)科学构建走班教学管理制度

走班教学管理制度应对教学班组建、教学过程管理、教学班与行政班关系等方面提出具体的规定和要求,加强走班教学过程中对教师、学生以及课程的管理,制定相应的管理制度,使走班"自主、安全、有序、高效"。

案例17—5 临安区晨曦教育集团西校区特色课程走班管理制度

(一)教师管理

1.上课教师应按要求按时到指定地点上课,做好学生出勤记录,如有学生缺席应及时报教务处。管理好课堂,有效开展学习活动。

2.教师在学期第二周向课程研学中心上交该课程教学进度表,按照教学进度表进行教学。教师应认真听取学生意见,可根据实际情况修改教学计划,经课程研学中心同意后执行。

3.教师应根据学校要求做好所开设课程的学生考核工作,在学期结束前上交课程研学中心归档。

4.学年结束学校对教师开设特色课程情况进行考核,考核结果作为学年考核的参考。

(二)学生管理

1.学生在收到课程上课通知后,应服从学校安排到指定教室上课。

2.学生应认真参加课程的学习,遵守课堂纪律,及时完成学习任务,不得随意缺课。

3.学生可以向任课教师提出合理化建议和要求。

4.学生课程修习课时达到该课程总课时的2/3,考核合格的,可参加"晨曦之星"评选。

(三)课程研学中心管理

1.每学年结束时,课程研学中心应向全体老师征集可开设特色课程的名录,并根据学校实际情况调整好课程目录。新学年开学前,课程研学中心应确定特色课程的开设科目。

2.课程研学中心排出学校总体课程开课课表,确定特色课程的上课地点。

3.组织特色课程的报名,编制学生名单和成绩记录卡。

4.做好课程实施日常检查工作,组织学校课程教学研究。主要通过组织学校课程教学研究课、任课教师讨论会、质量分析会等进行教学交流和探讨。通过听课、召开学生座谈会、问卷调查、进行考查等形式进行教学检查,听取意见建议。

5.组织考核与评价,并做好学校课程资料收集、归档等工作。

三、课程评价管理制度的建设

学校课程评价制度应包含对学生、教师、课程的评价,应注重评价方式的多样性、评价载体的丰富性、评价结果的实用性。课程评价制度可以在"前期论证、课堂组织、教后反馈"三个环节进行修订,课程评价结果可以用于"课程改革、教学改善、办学评估"三个方面。

(一)注重对学生、教师、课程"三位一体"的评价

课程评价制度应包含对学生、教师、课程的评价,促进学生成长、教师发展、课程完善。

案例17—6 萧山区益农镇初级中学拓展性课程评价制度

对拓展性课程的评价突出过程性,评价内容强调全面性,评价手段注意多样性,评价目的注重激励性。学校设立课改专项资金,用于奖励优质课程的开发教师及优秀学员。

第一条:学生评价以过程评价为主,采用自我评价、小组评价、教师评价相结合的方式进行。以"学分""等级"为基本参数,综合"出勤""纪律""参与""成果""品质"五个系数,做出定量与定性相结合的考评。

第二条:在每学期期末,由教导处负责考核,通过学生评价、课程影响力、学生喜爱度、资源的积累、成果展示、内容特色等指标进行评价,学校每学期根据评价结果进行课时折算或奖励,课程开设教师在评先评优和职称评定推选中优先考虑。

第三条:学校课程管理委员会从课程的发展性、实践性、特色性、系统性、适切性等方面对教师开设的拓展性课程进行评价。学年结束,学校根据各项指标考核,评出若干优秀课程。

(二)注重评价方式多样性和评价载体的丰富性

课程评价制度应鼓励不同的课程充分考虑课程的性质、内容、课堂组织、作业等方面,选择适合的评价方式和评价载体,提升评价效果。

案例17—7　建德市乾潭第二小学拓展性课程评价制度

(一)评价方式

强调学生的亲身经历,要求学生积极参与各项活动,在"做""考察""实验""探究""设计""创作""想象""反思""体验"等一系列活动中发现和解决问题,体验和感受生活,发展智能个性。拓展性课程采用等级和学分两种方式进行评价。其中等级又分考级和评定两种。

1.考级制:体艺特长类拓展课程采用考级的方式进行评价,参与大型活动获奖的可以直接升级。

2.评定制:知识拓展类课程根据学生课堂表现、学习效果,由教师组织学生采用自评、小组评、教师意见对学生进行评定。

3.学分制:拓展性长课采用学分制。编制每门课程的学分,设定每学期总学分和六年级总学分。课后,任课教师对学生进行综合评价,可以是过程性作业评价,也可以是阶段性展示评价,赋以相应的学分。

4.其他评价方式:德育修身课程可以用操行评定表进行评价,主题实践课程可以通过成长记录卡、学生学习评价单、学习成果展示等方式综合评价。

(二)课程评价载体

"点石"课程评价载体包括学生学分记载卡、操行评定表、成长记录手册。

1.学分记载卡。记载卡用于学生拓展性课程学习情况,包括每学期的学分考核记载、考级评价、等级评价情况,每学期一张。

2.操行评定表。将学生平时的品行习惯细分成几类,根据学生在学习生活中的表现,通过自评、互评、师评结合的方式,对学生的操行进行一个综合的评价。

3.成长记录手册。一学期一册,将学生在各科学习过程中的收获、行为习惯、操行、家校联系都呈现在手册上,直观地反映学生的成长历程。

四、课程保障制度的建设

课程保障制度应包含组织保障、制度保障、师资保障、经费保障等方面。课程保障制度应涉及课程的各个方面,使课程在开发、实施、评价等环节得到全方位的保障。

案例17—8　萧山区益农镇初级中学拓展性课程保障制度

(一)组织保障

学校成立了校长室、教导处、教科室为核心的"课程管理委员会",顶层设计"南沙学子课程体系",在课改过程中进行宏观引导与调控,及时发现问题并进行合理规划引导,把握课改的方向。

(二)制度保障

学校制定了《课程申报审议制度》《选课走班实施方案》《选课走班管理细则》《课程评价制度》《内部视导制度》等一系列方案与制度,进一步落实课程开发、课时安排、课堂教学、教学评价等方面的工作,及时发现问题并合理引导,确保课程的开发与实施不断向纵深发展。

(三)师资保障

通过"1+1+3"名师培养工程平台,定期开展点菜培训式、名师助教式、教学体验式、经验分享式等多形式的培训与研讨,培养"一专多能"的课程领军教师。建立学校、家庭、社区有效参与课程实施的新机制。

(四)经费保障

学校确保按省厅要求全额满足课程改革的资金需求,做好专项资金预算,积极向上级部门争取资金,增添课程所需的材料设备,满足课程活动经费,不惜花钱开展系列针对性培训提升教师的课程开发与实践能力。

　　课程管理制度的建设不是一蹴而就的,要想建立起有效的乡村学校课程管理制度,就必须从学校实际出发,与时俱进,在课程的开发、实施、评价和保障等方面不断改进与创新,群策群力共同探索适合本校发展的具有特色的学校课程管理制度。

作者:姜志喜

杭州市桐庐县分水实验小学

第 **18** 问
乡村学校特色课程文化如何打造？

随着课程改革的不断深入，学校课程文化日渐成为人们关注的焦点。课程文化是学校课程在运行过程中所蕴含并显现出来的一种文化特质，它包括课程和文化这两个概念内在的共同本质，是人们在学校课程开发与实施过程中，通过长期积淀而成的。尽管人们已经对此进行了广泛的研究，并取得了一些积极的成果。但是，乡村学校课程文化的打造依旧任重而道远。乡村学校特色课程文化确立的标志是什么？如何有效地提升特色课程建设的力量，怎样进行特色课程文化的有机创生？这些都是乡村学校在课程文化的打造过程中所共同面临的问题。

乡村学校特色课程文化是学校根据学校个性发展理念，依托地方、学校等乡村特色资源进行打造并表现出来的一种文化特质。它不仅表现在课程意识、课程思想、课程价值等内隐的意识形态上还在漫长的发展过程中所创造的课程设施、课程制度、课程政策以及课程行为等外显的文化形态得以表现。它以课程为依托，在目标上直指对学生的育人功能，在内容上表现为突出的校本、乡土特色。

当前乡村学校对特色课程文化的打造是不足的，主要表现在：第一，无特色。在乡村学校特色课程文化的打造过程中，文化内涵趋同，缺乏辨识度，课

程文化照搬照学,导致千校一面,缺乏特色。第二,无路径。在乡村特色课程文化的打造过程中,只停留在简单的内容提炼,缺少有深度的挖掘,课程文化与学校育人目标上也缺乏契合度。第三,无文化。乡村学校课程的"文化性"严重缺失,课程"有文化之表,无文化之性",其文化性的缺失已然成为今日学校教育及课程发展的重要障碍。

一、确立课程文化的三个标志

乡村学校特色课程文化的打造,不能凭空臆造,更不能"拿来主义"照搬,应该充分挖掘自身学校特色而进行有机创生。围绕乡村学校自身的办学理念、办学特色、课程体系三个标志,进行辨识化的特色构建。

(一)体现办学理念

办学理念是教育理念的下位概念,是校长基于"办怎样的学校"和"怎样办好学校"的深层次思考的结晶,是引领学校发展的灵魂。从一定程度上说,办学理念决定着课程文化。因此,乡村学校特色课程文化的打造,必须充分立足于自身,深挖办学理念。以办学理念引领课程文化,以课程文化凸显办学理念,这不仅使乡村学校的课程文化更趋特色性,也使得课程文化更具目标性与价值性,让特色课程文化承载着育人的价值。

学校办学理念要从学校办学过程中的发展理念、育人理念等内涵进行提炼,将这种隐性的办学理念内涵寓于显性或隐性的课程中去,才会逐渐形成统一的文化认知与意识固态。

案例18—1　桐庐县高翔小学"善正博韵"特色课程

桐庐县高翔小学自办学以来,一直崇尚"文化立校",竭力打造学校育人文化,形成了独特而富有影响力的"善正博韵"课程文化。通过进一步挖掘提升学校"善正"文化的精髓和核心价值,彰显学校"全员发展,多元教育"的育人特色,着力构建由"善正教育""科技教育""文艺教育"三个板块有机组成的"善正博韵"特色课程文化,培养学生的健全人格,促进学生的全面发展和个性发展,提高他们的综合素质,拓宽他们的成才道路。

这一课程文化体系以学校办学理念"至善至正、红蓝精神"为其精髓。至善至正之"至"是指最和终极、追求和达到,"善"蕴有为善、完美之意,"正"含有正直、适当之味。"至善至正"是高翔学子追求的目标,体现了高翔学子执着与坚韧的理想追求。红蓝精神之"红",如太阳、如烈火、如善心、如热血,展示着热情、活力和蓬勃。"蓝",如天空、如大海、如寒冰,代表着冷静、平和与理性。红蓝精神昭示了高翔学子崇尚热情与理性并重的完美人格。

(二)彰显办学特色

学校的办学特色是学校在长期的办学过程中逐渐形成的区别于其他学校的独特办学风格。主要体现在人才培养、教学研究、校园文化等方面的独特优势。它在一定区域内具有鲜明的特色性,是无形的课程文化资源。所以充分彰显办学特色是学校课程文化打造的重要标志之一。

积极总结学校办学历史和特色项目,梳理特色形成经验,开展个性化的课程开发与实施,固化课程设施和课程制度,巩固和发展学校课程特色,形成独有的课程文化。

案例18—2 桐庐县石阜小学"快乐剪纸"特色课程

桐庐的剪纸历史由来已久,桐庐县石阜小学一直以剪纸文化作为教学特色进行办学育人。以剪纸文化这一办学特色,石阜小学创生了"快乐剪纸"特色课程。

课程以个人或集体合作的方式参与活动,尝试各种剪纸材料、工具、制作方法,丰富视觉、触觉和审美经验,体验剪纸活动的乐趣。了解基础的表达方式方法,个性地表达自己的情感和思想,提高美化环境的能力和生活的质量,形成对自然、社会、自我之间内在联系的整体认识。在过程中合作、分享、积极进取,激发创造意识,提高发现问题、解决问题的能力,发展实践能力,初步形成基本的美术素养和信息素养,促进学生全面、整体地发展。

同时,以剪纸特色为引领,五育并举,将剪纸文化不断渗透到学校育人工作的每个方面。发挥剪纸教育特有的魅力,使课程内容与不同年龄阶段学生的情感和认识特征相适应,以形式多样的活动内容,激发学生的学习兴趣,面向学生的生活世界和社会实践,帮助学生体验生活并学以致用,使学生在实际生活中领悟剪纸的独特价值,使学校课程文化不断丰富,不断得到发展。

(三)构建独特的课程体系

课程体系是在一定的教育价值理念指导下,将课程的各个构成要素加以排列组合,使各个课程要素在动态过程中统一指向课程育人目标实现的系统。独特的课程体系由特定的课程观、课程目标、课程内容、课程结构和课程活动方式所组成,它是实现课程育人的重要载体,是提升课程文化内涵的必要内容。要打造乡村学校特色课程文化,就必须打造独特的课程体系。

案例18—3　桐庐县合村小学"三合"课程体系

桐庐县合村小学始终秉承"合智""合美""合创"的"三合精神",以培养有智慧、有创新、有美感的合村小少年为目标,创新构建了独具特色的"三合"课程体系(见图18-1)。在实践中,学校以此课程体系为依托,不断丰富和完善课程文化与学校精神内涵。

"三合"课程体系设计根据学校提出的"让每人每天进步一点,让每人每天提高一点;努力教好每一位学生,对学生的终身发展负责"的办学理念、"让每一位学生健康成长"的办学宗旨以及追求

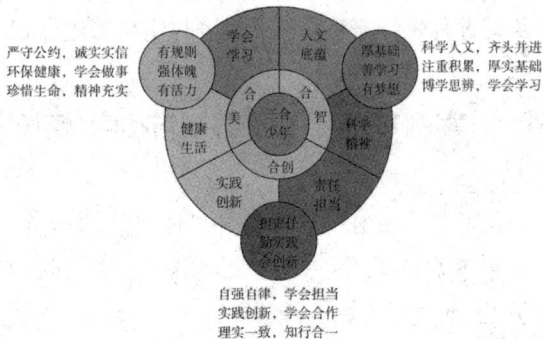

严守公约, 诚实守信
环保健康, 学会做事
珍惜生命, 精神充实

科学人文, 齐头并进
注重积累, 厚实基础
博学思辨, 学会学习

自强自律, 学会担当
实践创新, 学会合作
理实一致, 知行合一

图18-1　"三合"课程体系结构

"课程多样化,教学品质化"的办学特色。让不同的学生学习不同的课程,让学习不同课程的学生得到不同的体验,让得到不同体验的学生得到不同的能力提升。为有兴趣特长的教师搭建施展才华的平台,让有技术技能专长的老师实现更高价值的追求。

"三合"课程体系设计既立足学校文化传统,发挥自身教育教学优势,开发建设多样化的课程;又满足不同水平、不同兴趣和不同个性的学生选课学习需求。

二、提高课程建设三方面能力

打造乡村学校特色课程文化,需要以学校课程建设力量为保障,即校长的课程领导力、教师的课程开发力、学生的自主发展力。积极挖掘乡村学校资源,开展聚合、提升三方力量,是实现乡村学校特色课程文化打造的重要保障。

(一)提升校长的课程领导力

校长的课程领导力是指校长领导教师团队,创造性地规划、开发和实施学校课程,全面提升教育质量的能力。校长的课程领导,重点在于他如何引领团队、完善机制,进行课程的建设与文化的打造,而不是指个人单枪匹马的作为。提升校长的课程领导力,关键在于提升校长对学校课程文化本质及特色把握的决策力,组建和引领学校课程建设与实践的控制力。同时要善于培养在课程实践中发现问题、研究问题和解决问题的学习与研究力。可以说,校长的课程领导力将直接影响乡村学校特色课程文化的构建与打造。

案例18—4 桐庐县横村初中"校长中心"的课程领导

为了打造富有特色的课程文化,满足学生个性化的发展需要。桐庐县横村初中不断加强以校长为中心的课程引领机制(见图18-2),组建课程领导小组,实行任课责任制。在课程文化的打造中进行有效的过程化管理,以实现以校长为中心的领导小组对课程的全面领导,提升课程执行力。

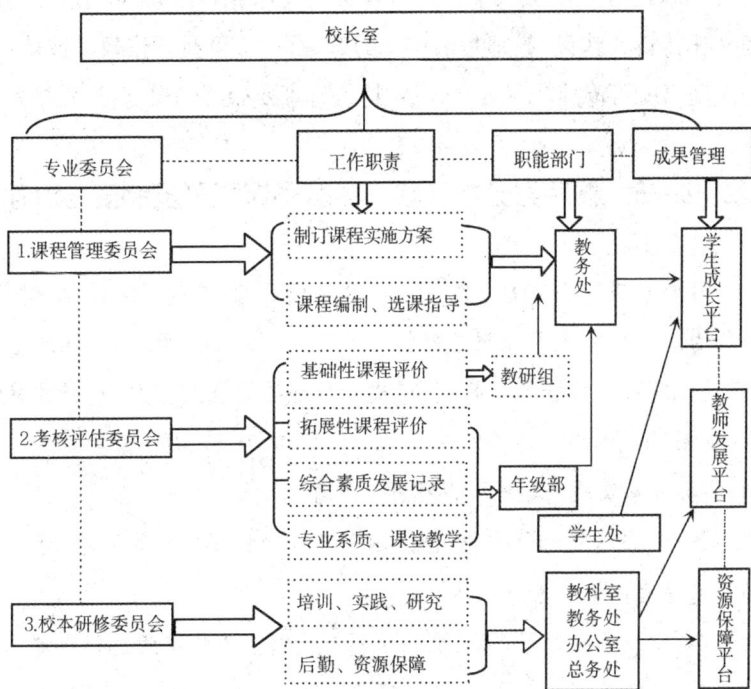

图18-2　桐庐县横村初级中学课程管理机制

机制以校长室为核心组建学校课程领导小组,不仅直接组建和领导专业委员会开展学校课程规划方案的制订、教师培训等,还全面协调各部门力量开展课程实施工作。教务处负责工作方案的制订,如课程申报、审议、开设、教学常规管理等。校办、教科室负责动员与宣传。学生处、年级组负责学生的纪律管理。总务处负责场地、设备等后勤保障工作。

(二)发展教师的课程开发力

课程是课程文化的具体体现,而作为课程开发与实施的直接责任人,教师的课程开发力将直接决定乡村学校特色课程文化建设的成败。学校初期可以从课程开发机制与流程上着手引领教师进行特色课程开发,通过制定行之有效的开发与管理制度,在学校课程文化建设宣传和实践的基础上,使教师课程意识和内容逐步融入学校特色课程文化。乡村学校同时也要重视特色课程文化传承人建设,教师是最重要的课程资源,乡村学校教师数量较少,有时一人退出就可能前功尽弃,所以对特色传承要做好早谋划、早安排。

案例18—5　桐庐县分水实验小学教师课程开发制度与流程

桐庐县分水实验小学为了进一步完善课程开发,在教师的课程开发力上做足了努力。学校制定了课程开发的指导性文件,明确了课程开发的基本流程,以期通过完善的课程开发机制,以提升教师的课程开发力,形成独特的文化气质(见图18-3)。

《桐庐县分水实验小学教师课程开发管理制度》

第一条:学校建立课程领导小组,制定学校课程开发整体思路,为教研组和教师开发课程提供服务与支持。

第二条:学校建立课程审定小组,主要负责对上报的课程进行审定。

第三条:课程领导小组每学期应召开课程建设专项会议,对《桐庐县分水实验小学上·善课程开发与实施方案》进行适时修订,对本学期课程进行适当增删。

第四条:课程开发要适应学生的发展,关注学生的个体差异和个性需求,能遵循"促进学生发展,又要注意安全;符合学校的办学理念,又要体现课程特色"的基本原则。

第五条:开发的课程要有相对应的文本,文本主要包括四部分:(1)课程纲要:包括课程设计思路、课程理念、课程目标、课程内容、课程设置、教学建议、评价建议。(2)课程教材:教材具有指导学与教的功能,有基本的内容结构,能编印成册。(3)教学案例:课程实施过程中的教学设计、教学课件及教学实录等。(4)教学成果:课程开设情况满意度、教学随笔、研究论文及学生学习成果等。

第六条:课程属于教师自主开发或改编。

第七条：参与申报的教师认真填写《桐庐县分水实验小学课程申报表》。

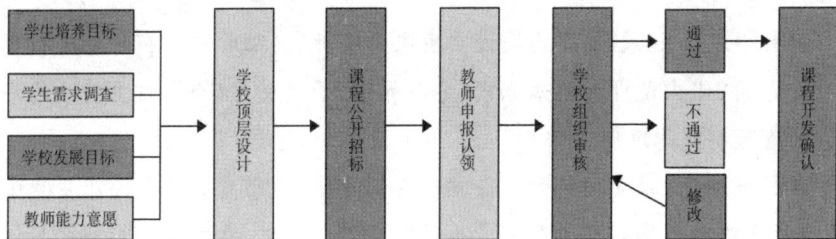

图18-3　桐庐县分水实验小学教师课程开发的基本流程

(三)促进学生的自主发展力

在《中国学生发展核心素养》研究成果中,将"自主发展"作为中国学生所必需的核心素养之一。学生的自主发展力表现在课程文化中是指强调使学生在课程学习的过程中,能有效管理自己的学习和生活,认识和发现自我价值,发掘自身潜力,有效应对周围环境,发展成为有明确人生方向、有生活品质的人。因此,在乡村学校特色课程文化建设中,引领学生认可学校办学理念,了解办学特色,熟悉课程体系,帮助学生开展自主的课程选择,甚至自主的学习课程,不仅会促进个性化的能力培养,也更有利于学校特色课程文化得以发展和传承。

案例18—6　桐庐县毕浦中学"校园十景"特色课程

桐庐县毕浦中学基于校内独具特色的十大自然、人文景点,开发出基于"校园十景"的课程群。其中有一门重要的课程叫作"校园十景我管理",该课程旨在通过校园十景的自主化管理学习,使学生主动修身、主动求知、主动管理、主动健体、主动参与、主动发展,最终实现自身的美好成长。

"校园十景我管理"课程实施的内容分为三大模块(见图18-4)。

课程模块一：以队伍建设促进学生主动参与、主动求知。引导学生进行自主化的队伍建设,通过"定向招聘,双向选择"与"固定组长,轮流组员"的模式进行自主管理。

课程模块二:以制度建设促进学生主动修身、主动管理。在学生进行自主化分组后,组内便开始明确职权、分明界限,通过民主研讨、自主约法的形式进行管理制度的建设。

课程模块三:以管理活动促进学生主动健体、主动发展。"校园十景我管理"课程最终的落脚点还是帮助学生进行自主化管理,在前两个模块学习过后,进行十景的管理实践。如管理时间、管理方法、管理周期、管理轮班等,均通过学生自主设计与实践。

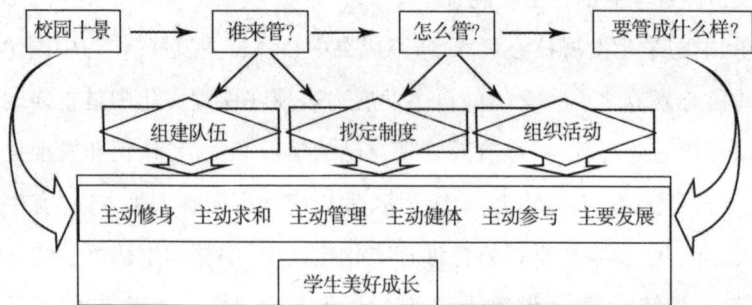

图18-4 "校园十景我管理"课程实施示意图

通过"校园十景我管理"课程的实施,毕浦中学形成了独具特色的学生自主化发展管理的课程文化。

三、建设学校特色课程文化的两个基础

乡村学校特色课程文化的打造,必须立足于乡土和校本,充分挖掘富有地域特色的文化资源以及富有学校特色的校本资源。集中有限财力、人力,持久性地打造精品型特色课程文化。

(一)挖掘地域特色文化资源

乡村学校文化是地域文化的一部分。乡村学校文化是在地域文化的熏

陶下逐渐形成的。不同的地域有不同的文化,它是特定区域内自然条件、人文历史、传统文化等诸多因素共同作用的结果。因此,地域文化作为学校课程建设的重要组成部分,具有不可替代性,是学校打造特色课程文化过程中的绝好资源,是特色课程文化构建的重要基础。乡村学校的课程思路、课程理念等应当与地域文化建立起血脉联系,凸显学校课程的育人品质,实现地域文化的有效传承。

案例18—7　桐庐县莪山小学"知家乡、爱家乡"特色课程

莪山民族小学位于杭州市唯一的少数民族乡——莪山畲族乡。该地区是畲族的聚居地,具有丰富的地域文化特色。课程开发组基于地方资源,结合学校教育目标,对整个乡的活动资源进行调查和开发,逐步形成了"知家乡、爱家乡"特色课程文化。其中"游畲乡"拓展性课程,对本地区一个古建筑、三大地方性标志建筑、四座古村落、四大五水共治成果和五个爱国主义教育基地进行综合开发,并在当地政府支持和帮助下,根据学生年龄特征和认知水平,分年段开设了六条综合实践活动路线。

年级	活动内容	活动路线
一年级	走向团结门	从学校步行到乡镇府文化楼四楼参观"畲族文化展厅",后步行至畲乡文化广场,沿着陈家边风景带参观莪山乡垃圾处理中心,到达团结门,步行返回
二年级	参观李氏花厅	从学校步行到幸福公园参观反邪教爱国主义教育基地,沿山阴湾小道至李氏花厅,参观后原路返回
三年级	游览山哈绿道	从学校沿山哈绿道步行到达和谐门,参观中门礼堂后原路返回
四年级	寻访红曲酒文化园	从学校坐车到尧山坞村口,步行到红曲酒文化展厅,参观后坐车返回
五年级	探秘莪溪畲寨	从学校坐车到畲乡山寨,沿着一指峡谷到达"一指动石",返回到游戏园,景区门口坐车返回

年　级	活 动 内 容	活 动 路 线
六年级	穿越畲乡秘境	从学校坐车到畲乡山寨,沿着一指峡谷穿越畲乡秘境,到达戴家山古村落,参观民宿与先锋云夕图书馆,原路返回到景区门口坐车返回

学校通过课程不仅传承了地方文化,而且唤醒了孩子们对家乡的热爱之情,增加对畲族的了解,感悟本民族文化的内涵和魅力,成长为一个个热爱生命、热爱生活的阳光少年。

(二)发展学校文化特色个性

学校多年的办学过程中,或多或少都有一些文化特色。这些文化特色包括环境文化、制度文化、校史资源、特色项目等内容,它们都是打造乡村学校特色课程文化的有效载体。我们需要以学校现有条件为基础,深挖文化内涵,进行有效提炼,形成独具特色的课程文化,将课程文化转化为学校实际与育人目标之间的黏合剂。

案例18—8　桐庐县分水玉泉初中"绿色校园,维美生命"特色课程文化的打造

桐庐县分水镇中创办于1976年,其玉泉校区历史更为悠久,在明朝嘉靖年间,曾是玉华书院。与玉华书院的前身之缘,成就了学校的嘉树绿荫,人文底蕴。校园东侧的古枫下还有被南宋孝宗皇帝命名为"江南第一泉"的千年古迹玉华泉。学校作为一所农村初中,社会资源相对短缺,但是生态优势显著,全校植被覆盖率高达70%。

于是,学校基于优异的自然环境资源,围绕"绿色生态"理念,以培养"绿色、健康、智慧、审美"的玉泉学子为目标,逐渐形成了独具特色的"绿色校园,维美生命"课程文化,开发了"植物养护""珍爱生命""绿色发展"三大课程

群。而且,根据"绿色校园,维美生命"文化的育人目标,将拓展性课程划分为"语言与人文""数学与逻辑""科学与创新""体育与健康""社会与交往""艺术与审美"。这些课程既促进了学生发展个体专项智能,也提高了学生人文素养,而且有机助力学校绿色生态特色建设。

乡村学校特色课程文化的打造是多种因素协同作用的结果。这些因素及其机制的复杂多变性,决定着学校课程文化生成发展的长期性与复杂性。所以,它不是一蹴而就的,需要我们在长期的课程改革实践中进行积累、凝练、概括、创新,在继承和借鉴中构建一种探究式的、自为化的、生成性的课程文化,最终形成具有乡村学校自身文化特征属性的课程文化。

作者:胡小江

杭州市桐庐县毕浦中学

第 **19** 问
乡村学校怎样开发特色课程资源?

学校特色是学校发展的驱动力量,是学校发展的灵魂。实践证明,学校特色建设的关键不在于建立各种特色形式本身,而在于特色建设所产生的影响和效能。突出的学校特色课程决定着教育质量的提高和学校发展的速度,影响着校内各种资源的开发与组合,塑造着学校的品牌价值。可以说,没有特色的学校就是没有生命力的学校。乡村学校通过挖掘特色课程资源,开发特色校本课程,促进学生的个性发展、促进教师的专业发展、促进学校的特色形成已成为学校发展特色的必然途径。

当前,小学课程改革赋予学校、教师一定的课程自主权,倡导学校要校本化实施基础性课程,自主开发与实施拓展性课程和研究(探究)性课程。一些课程专家早在2001年提出课程资源的分类,对课程资源形成了广义与狭义两种理解。广义的课程资源指有利于实现课程目标的各种因素,狭义的课程资源仅指形成课程的直接因素来源。大多数学者按照课程资源的功能特点对课程资源进行划分,把课程资源划分为素材性资源和条件性资源两大类,如知识、技能、经验、活动方式与方法、情感态度与价值观以及培养目标等方面的因素就属于素材性课程资源,可以直接成为课程的素材。那些直接决定着

课程实施范围和水平的人力、物力、财力、时间、场地、媒介、设备、设施和环境等属于条件性课程资源。也有学者认为，可以根据课程资源的物理特性及其呈现方式，将课程资源划分为"文字资源、视频资源、活动资源和信息化资源"；也可以根据课程资源的存在方式将其划分为"显性课程资源和隐性课程资源"；或者根据课程资源的来源将其划分为"校内资源与校外资源"等。

无论何种划分形式，只要与特色课程建设有关联的课程资源都可以称为特色课程资源，都需要我们关注它，需要我们开发它，需要我们建设它，使其成为学生身心成长的"养分"。

特色课程资源无处不在，教师开发课程的脚步从未停止，人们对特色课程育人价值的追求与实践如影随形。

(一)学生:蕴含的特色课程资源

学生既是教育对象，又是特色课程建设的"生力军"，更是特色课程的主体。一方面，学生在教师的引导和帮助下，以自己生活的经历、经验与感悟表达对课程的诉求；另一方面，学生在特色课程中选择属于自己的体验与研究、对话与交流等生活方式，"使课程真正成为学生认识自己，获得自主发展的过程和'通道'"。

1.学生的生活即课程

"学生只有在生活中才能学会生活!"多么富有诗意的话语。特色课程建设足以佐证此话的含义，多数特色课程源于学生的日常生活，来自学生对生活的盎然兴趣。同时，特色课程最终还要服务学生那些有个性的生活、有创意的生活、快乐幸福的生活。

为此，课程是学生的一日生活，学生的生活即课程。

例如:体现男孩生活的"男孩课程"，开发此课程主要基于社会上男女分工的差异，它是人类在社会前行之中为适应自然环境逐步形成的；随着时代的变迁，男女分工的差异逐步缩小，甚至出现"女生优势"现象。美国教育学和社会学家迈克尔·古里安说，"男孩正在经历一场迫在眉睫的教育危机"。那么，男孩的生活世界是什么? 我们该给男孩开发怎样的课程? 为此,学校成立了男生实验班,并设计、开发和实施与男生发展相应的男生课程,也开发了"男孩课程"。教师在课程设计时充分关注男孩的天性,观察学校中男孩的行为表现、兴趣爱好等,将男孩生活元素作为"男孩课程"的基本素材,通过课程实施培养男孩直率、开朗的性格,敢于体验创新的冒险精神,选择男孩喜欢的游戏项目,在实践活动中有意识地突出男孩的生活特质和个性品质(其中"环球航行"系列内容就成为小学阶段男孩乐于参与的实践课程)。

又如:与现代人息息相关的信息化生活课程"网络文明",高速发展的时代脚步,不知不觉地将我们每一个人带到了新的信息时代。当前,网络信息铺天盖地、真假难辨,可以说,网络生活与学生如影随形,小学高段学生正处在青春期阶段,(学生稍不留神就可能会迷恋上网游,就可能参与网络论坛)我们既要应用网络带来的便捷、高效,又要做到不伤害他人,同时还要保证自己不受到伤害,自己的权益得到保护和尊重。需要学会辨别、防范和规避网上负面信息、不良网站、黑客、钓鱼网站等,提高网络生活质量。信息化时代学生的网络生活让一些教师加入"网络文明""网络安全""网络文化""网络道德""拍客"等与网络密切相关的课程开发之中,这些源自人们网络生活的课程成为引导学生体验网络生活的助手,引导学生对不良网站说"不"。

天真烂漫、多姿多彩的学生生活永远给课程开发以灵感,课程不是设计者预设的发展路径,学生也不是完全地通过对成人生活方式的复制来成长的,他们在与课程的接触中,时刻用自己独有的眼光去理解和体验课程,并创造出鲜活的经验,这些鲜活的经验更是课程的一部分,从此意义上讲,学生才是课程的创造者和开发者。只要我们教师细心观察、用心感悟、开心创作,就一定能够培育丰富多样的特色课程。

2.学生的兴趣即课程

学生的兴趣是最直接且最具特色的课程资源,因为学生的兴趣常常是外显的,学生对学习的兴趣、对生活的兴趣、对他人的兴趣,能够体现在他们的日常生活中,而特色课程建设的核心指向恰恰是激发学生对某个领域的兴趣爱好,指向学生已有的生活经验和个性化生活追求。

案例19—1　"说名取字趣无穷"课程来由

小学生处于孩子认知的初期阶段,常常对周围的事物充满好奇心,也经常会思考:"我是谁?""我的名字代表着怎样的意思?""我们现代人的姓名与古代人有着怎样的差异?"……一所乡村小学的方老师从学生那里捕捉到这个信息,接受来自兴趣的邀请,认为"人人皆有名字,小小的名字中蕴含着丰富的文化信息,解读它们的过程其实也是自我认知和期许优秀的过程"。由此开发了"说说中国人的名字"课程,"说名取字趣无穷"就是此课程中的一个模块。

发展学生的兴趣是开发特色课程的价值追求,学生有兴趣、感兴趣是决定他们能否走入课程的关键,开发与培育特色课程必须关注学生的兴趣,课程内容必须有利于激发学生的兴趣,多年之后学生还能够念念不忘该课程,这才是开发课程所追求的最高"境界"。

3.学生的建议即课程

学生的创造才能与生俱来,中小学生尤为突出。学生乐于在探究性学习、提出问题与建议等实践过程中发挥自己独特的想象力和创造力,提出令教师想象不到的想法和主张,学生的建议弥足珍贵,其每个建议都是我们特色课程开发的灵感之源。

案例19—2　学生"中国古建筑"课程的"声音"

桐庐窄溪小学在开发"中国古建筑"课程之初,按照中国古建筑史教材的一般结构组织课程教学,以时间为线索讲述中国古代建筑,编写了课程讲义。

经过一个学期的实践,学生的反映和老师的感觉都不太好。有学生这样写道:"老师介绍的古建筑离我们太遥远,根本没有印象,有的甚至连照片都没有,上课的我们都快坐不住了。"也有学生这样写道:"我很喜欢旅游,我选择这门课,是想请老师对于现在我们能够看到的古代建筑文化遗产,比如北京故宫、颐和园、苏州园林等做比较详细的讲解,这样我们会更感兴趣的。"还有学生认为:"老师上课的时候应该更多地展示图片乃至电影、录像资料。"

老师面对学生的建议,反思一个学期的教学,认为学生说得很客观。重构"中国古建筑史"课程体系,增加课程内容的趣味性、通俗性和直观性,将原来以时间为线索的体系改为以建筑类别为线索,比如宫殿建筑、园林建筑、祭祀建筑、陵墓建筑等,每一专题略述渊源,并以现存完好的建筑作为个案详细介绍。后面的三轮课程实验,此课程均得到学生的好评,同时也获得专业人士的高度认可。

案例19—3 "经典富春游"源于学生的探究课题

桐庐春江小学吴老师开发和开设的"旅游地理"课程中,引导学生对身边旅游资源进行探究,学生在查阅资料的前提下,设计桐庐地区的一些旅游路线,并以小组的形式合作实地考察游玩每条路线所用时间、旅游内容和餐饮住宿等,之后老师将学生的探究成果作为课程资源,开发了"经典富春游"课程。

因此,特色课程资源应该来自课程的服务对象——学生,学生的兴趣、个性特长、生活经验等都是开发特色课程的出发点和落脚点。"让特色课程适应学生的个性发展"是特色课程资源开发的目标与方向,基于客观现实,将现有的校本课程资源作为特色课程建设的"基础材料"。

(二)教师:创生的特色课程资源

每个教师都是独特的,每个教师都是"富有"的,因为每个教师都有自己的专业特长和兴趣取向,都有自己的成长经历和社会阅历,教师自身就是最重要的特色课程资源。同时,教师还是素材性课程资源和条件性课程资源的"复合体",在开发特色课程过程中,教师是不可或缺的。教师首先要发现自己、认识自己,从自己的"存储硬盘"中调出有价值的人生履历、发掘自己的才艺潜能、构建与开发特色课程。

1. 教师的独特经历

案例19—4 小小邮票的收集经历

项老师从小就养成了集邮的爱好,多年来已收集了许许多多邮票。当她自己走上教师之路时,正赶上上海市课程教材改革,学校开始倡导教师自主开发校本课程。项老师觉得自己多年的兴趣能够发挥教育作用,她认为小小邮票,不过方寸之地,却能再现人类社会的政治、经济、文化和民族的风土人情,记录着社会的重大变革和历史事件,由此"走进方寸世界"课程诞生了,并逐步走入学生的学习生活,成为学生喜欢的特色课程。

每位教师都有许许多多令人难忘的成长经历,每个教师的人生经历都是独特的,教师的个人生活经历都是宝贵的课程资源。

2. 教师的跨界爱好

案例19—5 认识性格中的"红黄蓝绿"

"性格色彩基础"课程用四种颜色"红、黄、蓝、绿"表述人的四种性格特征,属于心理学范畴的分支课程内容。

郑老师和方老师两位虽然都是数学老师,但他们对"性格色彩基础"很"着迷",他们还在学校内组建了一个性格色彩教师沙龙团队,定期开展交流活动,发展自己的跨学科、跨领域的个人爱好。一段时间后,他们结合学校"文德授渔"的办学理念,开发出校本课程"性格色彩基础",这门课程一经推出,受到学生的广泛认可和热情追捧。

案例19—6 追求生活中的"低碳"

地球上的可利用资源有限、可再生资源亦有限。高速发展的时代,人们感受最大的是生物生存环境的退化,人类面临着大气污染、水污染和土壤污染带来的诸多困扰,为此,"低碳生活,从我做起!"成为宣传语,"让生活更美好!"成为当今世界人们的美好夙愿。

在这样的社会背景下,一些教师开始探索开发"低碳生活"课程。窄溪小学的王老师就是其中之一。她是一位小学科学教师,在开发"低碳生活"课程过程中,她多次请教同学科的老师及学校数学组老师,对一些需要计算、需要专业知识的内容,先自己学习,精益求精,避免知识性问题出现。

"低碳生活"课程内容的综合性很强,突破了"学科界限",也摘除了"专业标签"。

综合性、实践性也是特色课程的基本特征,我们教师在开发课程过程中需要做些努力和探索,文科背景的老师要读一些自然科学方面的书籍,理科老师也要增加人文素养,读一读"文学、历史和哲学"经典名著,用另一只眼睛看待特色课程的孕育与发展。教师既要有跨界爱好,更要开展跨界合作,其目的就是让特色课程内涵更加丰润,让特色课程的实施方式更加多元。

(三)学科:延展的特色课程资源

在教育教学实践中教师最熟悉、最擅长的是基础性课程教学,大多数教师最初开发课程,都会思考如何利用基础性学科知识。因此,被大家认可的特色课程缘起于学科知识,后经过多年课程建设的实践探索,才能逐步实现"学科资源"向"特色课程"蜕变。我们知道学科知识、学科技能和学科思想浑然一体,无向相连,为了叙述需要,下面的讲述只能从一个视角来进行,有所侧重。

1.学科知识的延伸

案例19—7　小学四年级语文教学的"忆江南"

《忆江南》是小学语文四年级课文内容之一,它主要选自白居易的诗词,诗词内容是:"江南好,风景旧曾谙;日出江花红胜火,春来江水绿知蓝。能不忆江南!"

在课程改革实践中,身处江南地带的王老师接受新课程思想,教学中不断思考:"怎样让学生向生活学习、将文化知识与实践体验结合在一起呢?"江南美景很多,江南小桥流水应该是江南美景之最,怎样带领学生看美景、享美景、创美景,基于以上想法,王老师采取了一个大胆的举动,带领学生探究江南的桥,对建筑于不同时代、风格迥异的桥进行实地考察、文献研究及创新设计等课程实践活动。

由语文学科内容延伸开来的校本特色课程"江南的桥"就这样生成了。

2.学科技能的延伸

案例19—8　一次网上的阅读旅行

专家提出,一个人的阅读内容、阅读数量和阅读能力影响着他的思想内涵。"阅读"是语文教学技能标准之一。随着多媒体的普及,学生的阅读减少了。阅读虽然是语文学科教学的技能目标,可是,作为基础性课程的语文学科,很难满足不同学生的阅读需求。为此,窄溪小学余老师开发了"精彩阅读"课程,力求通过不同选材的阅读过程,丰富学生的人文情怀。

下面是窄溪小学余老师开发课程的故事:

2017年,五年级开设了一节阅读课《希望的炭火》,改变以往课堂教学模式,将学生带到电脑房上课。在安顿了略有兴奋的学生之后,余老师讲起了故事,内容是一个母亲得知新生儿是脑瘫儿的事实后,在度过了极端痛苦的无数个日夜之后，却坚信自己的孩子是心智"睡着了"，于是辞去工作，时时陪伴孩子，对着孩子唱歌、说话、背唐诗……同学们逐渐进入故事的情节，老师却戛然而止。这时同学们议论纷纷，猜想着故事的发展。老师告诉他们，这个故事是作家丁立梅写的，名字叫《希望的炭火》，同学可以自己在网上看完故事。

故事看完了，那个脑瘫儿在母亲的鼓励下，最终考上了大学。而课堂才刚开始，老师给机会让同学们谈了他们的阅读感受。学生们充满激情地谈到了对儿子执着和巨大付出的母爱；谈到了脑瘫儿在生活和学习上的坚韧和顽强；也有同学谈到奇迹的出现是生命与生命共同合作、互相支撑而唱出的生命赞歌……同学们的激情点燃了，对生命的感悟加深了，教学应该可以结束了吧？

显然教学并没有结束，接下来，余老师让学生做一次网上的阅读旅行，及时把学生的阅读激情和故事带给学生的心灵冲击，转化为学生的阅读行动，让学生以《希望的炭火》为点，看看同学走出怎样的一条阅读线路。同学们出发了，有的阅读关于大脑的相关知识；有的搜索起生命母爱的文章；有的阅读起作者的其他作品；还有的读着汶川地震中生命赞歌的诗篇……老师欣慰地笑了，看到了荧屏对着的是一颗颗欢悦跳动的年轻的心，他们已经学会了自己走路。

课后同学告诉老师，这节拓展课让他们拥有了自己的阅读兴趣，拥有了自由的阅读空间。余老师笑着告诉他们：这是我们共同的愿望。

（四）社区：蕴含的特色课程资源

我们可以把"社区"看成是一所学校、一个街区、一座城市，不论社区是大是小，均包含许许多多优质的特色资源，既有显性的课程资源，也有隐性的课程资源，等待我们去发现、利用。

桐庐江南窄溪一带素有"小上海"的美誉，自古以"奇山异水，天下独绝"闻名于世，更有无数名人贤士、文豪画匠留下3000余篇佳作。自唐以来，窄溪即为渔村,明、清时形成大埠,渔业比较发达。窄溪的渔文化历史悠久,离不开母亲河富春江的滋养与浸润。在得天独厚的自然环境下,窄溪人有自己独特的捕鱼方式与生活乐趣,同时也流传下来诸多传说。窄溪渔文化是一份乡愁、一份共识、一份寄托。岁月流转,窄溪渔文化日渐取得共识,自2016年启动小城镇环境综合整治行动以来,江南镇积极响应号召,将"渔文化"深蕴其中,将目标形象定位为"富春渔舟续唱晚,悠然自得新江南"。于是,这些资源仍然可以作为特色资源开发与利用,让今天的孩子们也能重温祖辈们的生活与快乐,认同窄溪渔文化内涵。"畅游吧,文小鱼"课程就是窄溪小学的教师团队利用此类资源开发的一个典型代表。

案例19—9　"畅游吧,文小鱼"课程开发

开发背景:

江南窄溪历史悠久,传统文化资源极其丰富。江南民居、江南美食、江南诗歌,集中体现了江南独特的本土文化,正吸引着越来越多的来往客商。而江南镇窄溪小学就坐落于富春江畔……

课程目标:

了解江南地域的文化特色,通过参与不同形式的活动,开阔眼界,丰富学习经历,在活动中初步认识老江南,感受老江南的传统文化,体验老江南生活、热爱生活,认同江南的传统文化,增强知江南、爱江南的情感。

课程内容:

主题	主要内容	课时
鱼游窄溪门票设计	认识江南窄溪一带的地理环境、人文背景;培养创意思维能力。	6—8
鱼游窄溪我有攻略	了解和掌握窄溪的地域特色,在攻略制作中培养爱家乡的情怀。	6—8
鱼游窄溪纪念品设计	通过各种创意的纪念品设计渗透江南文化,培养观察、实践等能力。	5—6

续　表

主题	主要内容	课时
舌尖上的江鲜	在各色美食中,品味家乡,了解家乡,从而更好地宣传家乡。	4—6
一叶渔船	通过学习渔船的构造、起源、演变、发展,而知家乡的发展。	5—8

教学策略:

注重趣味性、活动性和交互性结合;注重发挥现代信息技术的作用;注重体验和创新的结合。

由此看来,学生、教师、学科和社区等都是特色课程资源,都在特色课程建设中发挥着重要作用。其中,学生是核心,教师是关键,因为学生、学科、社区等资源需要教师发现、挖掘,将其转化为特色,使其在学生成长中发挥"提供选择、激发兴趣、丰富经历、拓宽视野、身心健康"等育人功能。

作者:应丽丹

杭州市桐庐县窄溪小学

结语编　校本课程的改进

第 20 问
乡村学校怎样进一步改进校本课程?

> 　　2001年启动的第八轮课程改革,已经走过了近20年的历程,目前已经进入了由单纯地追求课程数量转向寻求课程质量优化的新阶段。这个阶段,学校课程建设的主要任务也由课程开发转向了已有课程体系改进。乡村学校面对课程改革的新阶段,怎样进一步改进校本课程呢? 基本的思路是,优化和完善已有的校本课程,根据学生和学校发展的需要填补某些课程设置上的空白,整体提升学校课程的质量。具体可从五个方面去努力:一是瞄准育人目标的学校课程整体规划完善;二是立足地方和学校实际的特色课程群建设;三是以学习为中心的学校校本课程重构和优化;四是着眼课程领导力提升的学校管理机制完善;五是基于地缘抱团合作的高质量共同发展。

　　自2001年颁布《基础教育课程改革纲要(试行)》启动新一轮课程改革以来,全国范围的课程改革走到今天已经近20年了。在长期的改革实践中,乡村学校的课程改革已经有了丰硕的成果,国家、地方、学校三级课程管理的基本态势已经形成,课程多样化成为学校的新常态,校本课程、地方课程和国家课程共同存在和发展的"学校课程"理念已为社会认同。在当下的乡村普通基础教育学校,校本课程已经不再是有没有的问题,而是校本课程能否满足

学生和学校发展需要,其质量能否让广大师生满意的问题。在这样的背景下,乡村学校的学校课程建设的重点不再是开发校本课程了,而是怎样改进已有的校本课程,重构和优化学校课程体系。也就是说,今后乡村学校课程改革的重点任务应该是改进和优化校本课程。

那么,乡村学校应该怎样进一步改革校本课程,推动学校课程改革的不断深化,持续提升、优化学校课程建设的质量呢? 我们认为重点需要做好如下一些工作。

一、瞄准育人目标的学校课程整体规划完善

从课程改革的现实情况看,乡村学校在课程整体规划方面明显薄弱,更加需要重视学校课程体系的整体规划,要努力把国家课程、地方课程和校本课程统整成整体,以形成目标明确、内容系统化的课程发展方案,为学校课程改革的质量提升和深化发展奠定基础。

完善学校课程的整体规划,要重点关注三项内容:一是要明晰学校的特色育人目标。学校需要明确自己要培养的学生的基本目标和特质,这是构建特色课程体系的立足点,也是课程体系建设的目标。二是要围绕特色育人目标的需要,优化支撑学生特色发展的具体课程,并根据学生生源的变化,时代的变化,不断调整、完善学校的课程架构。三是根据特色办学和建设特色课程体系的需要,加强学校特色课程文化建设,让课程多样化、学生特色发展、学校追求特色办学成为学校教育发展的新常态。

案例20—1　临安区博世凯实验小学的课程体系

学校课程体系瞄准特色育人目标,将国家课程、地方课程、校本课程、活动课程等整合起来,形成比较完善的学校课程体系,比较好地满足了学生发展的需要,支撑了学校的特色发展(见图20-1)。

学校根据自己的办学追求,确立了三个方面(守正、乐学、博世)、九大素养(好习惯、好性格、好品德、好学习、好思维、好创造、好合作、好眼界、好胸怀)构成的特色育人目标,围绕育人目标,学校对已有的学校课程进行了重新梳理,架构形成了由三个系列(守正德育课程、乐学智慧课程、博世文化课程)、三个层次(基础课程、拓展课程、活动课程)组成的二维课程体系。目标明确的特色课程体系,为已有课程的修订完善提供了方向,同时也让学校能够发现学校发展中需要填补的学生发展和学校发展所需要的课程空白,从而使学校的课程发展与学生发展、学校的长远发展形成良性互动、良性循环的态势。

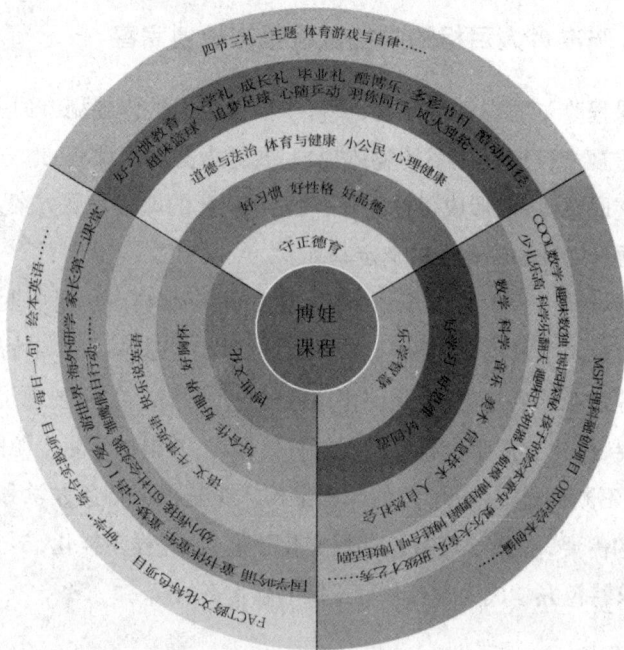

图20-1　博世凯实验小学的课程体系

二、立足地方和学校实际的特色课程群建设

　　乡村学校有一个重要的特点和优势,那就是学校所拥有的资源差异大,特色鲜明。但许多乡村学校却是"生在宝地不识宝",没能够充分挖掘地方和学校的特色课程资源,开发建设"各美其美"的特色课程。

要建设"各美其美"的学校课程,学校应该依托特有的课程资源,重点开发和打造基于地方与学校实际,有自己特色的课程群,以特色课程群来彰显办学特色,促进学生的个性发展。

学校要打造学校特色课程群,首先,要对自己拥有的特色资源进行挖掘和梳理,建立课程资源库;其次,要全面了解学生的发展需要,根据学生发展的需要和学校办学的追求,设计好课程群开发的方向;再次,要在课程群建设主方向确定的情况下,对课程内容进行系统设计,构建起课程群的整体框架;最后,要根据课程群框架进行课程的开发和实施。

案例20—2　临安区昌化镇第一小学的
乡土文化课程群"印象昌化"

"印象昌化"课程群是源于学生的生活,源于乡土文化,以乡土经验为立足点的课程(见表20-1)。"印象昌化"把乡土知识、学生生活经验带进了校园中,通过"校本课程,班本实施"的形式组织教学,以课堂知识传授、实地考察、自主探究、少先队实践活动等多种方式,帮助学生在小学六年中循序渐进地、系统地学习昌化地方的民谚民歌、民俗民风、民间特产、灵山秀水、民居建筑等各方面的文化知识。通过系列课程学习了解家乡昌化,在体验实践中培养学生的探究学习、自主学习、合作学习能力,促进学生思维的发展和人文素养的提升。

表20-1　"印象昌化"乡土特色校本课程群

适应年段	课程主题	课程内容
一、二年级	陌上花开——聆听昌化的民谚民歌	昌化地区民间故事、民歌、民谚
	唐昌风情——感悟昌化的民俗风情	昌化的地方风俗、特色工具
三、四年级	悠悠石韵——走进神奇的昌化石	昌化的玉石种类、特点、工艺、制作
	紫溪斜阳——徜徉昌化的灵山秀水	昌化地区的名山秀水

续　表

适应年段	课程主题	课程内容
五、六年级	白露秋分——品尝昌化的美味特产	昌化地区的各类特产、特色小吃
	武隆遗梦——走读昌化的古建筑	昌化的古民居、古桥、古祠堂、古塔

　　丰富的乡土课程资源进入课堂,使得这一校本课程群成为一个开放性、生成性的课程,学生在学习的过程中,吸收本乡本土的生活经验、他人的经验、先辈的生活智慧,转化为自己的经验、知识和智慧,从而促进自身经验的增殖。这一增殖过程主要是量的积累,眼界的扩展。在这个学习过程中,学生在教师的引导下,对经验进行条理化梳理、系统化整合、意义化解读,不断地深化对经验的理解,明确生活经验的意义,增长个人的生活智慧,达到经验增殖的目的,从而让学生个体在这一过程中获得生活的智慧、眼界的提升、素养的积淀。

三、以学习为中心的学校校本课程重构和优化

　　课程改革的一个重要目标是要促进学生学习方式的转变,当下的中小学课程改革实践围绕着实践学习、探究学习、项目学习、主题学习等与传统的接受式学习方式有明显区别的课堂样态,倒逼着课程实践深入国家课程和地方课程的校本化改造,校本课程的学本化发展层面。

　　乡村学校的校本课程由于课程资源源于学生生活、源于地方,所以更方便实施实践学习、探究学习、项目学习、主题学习,因此是实现由传统的传授式学习转向体验式、实践式、探究式学习的最佳载体。要让这个最佳载体发挥最佳的效应,乡村学校的校本课程建设中就必须进行基于学习方式优化来重构和改进课程的探索,建设以学习为中心的校本课程。

　　以学为本的校本课程,首先要立足课程资源,确定最适合的学习方式,再依托学习方式对原有课程的内容、结构和组织方式进行调整优化。同时要努力创新课程实施方式,转变学生的学习方式,倡导实践式、探究式、体验式学

习,探索项目学习、任务学习、设计学习等能让学生更多地动手、动脑、动口和动情的学习方式,真正地让学生学会学习,学会做事,学会思考。如地处乡村的临安晨曦小学西校区、玲珑小学、昌化一小、昌化二小等学校就在校本课程的优化中提出了以学习方式为中心,对课程进行再设计、再修订的思路,围绕行走学习、探究学习、实践学习,重构课程内容,重组课程结构,优化学习,提升了课程实施的质量。

案例20—3 昌化二小的"二场景、五样式"重构校本课程的实践

临安区昌化镇第二小学的校本课程"综合阅读"是杭州市精品课程,实施多年,深受学生欢迎,在该课程的修订完善过程中,学校以"转变学生的学习方式"为追求,实现了课程的两个变化:一是学习场景的变化,二是学习方式的变化。

学习场景的变化就是要设计两种学习场景:一是基地学习场景,二是非基地学习场景。基地学习场景相对固定,资源集聚,提供集中学习。非基地学习场景,相对灵活,根据学习内容随时变化,提供分散学习。这两种场景的学习发挥不同的功能,基地场景学习强调学习的系统性和专业性,非基地场景学习强调学习的个性化和选择性。

学习方式的转变是指课程实施中重点展开五样式学习。调查访问学习,即通过调查访问来获取信息从而展开学习;问题引导学习,是以问题为导入,解决某一现象或某一生活中的实际问题;体验感悟学习,学习者参与或置身于某种情境,于体验中获得感悟习得知识;设计制作学习,设计并动手操作,将自己的创意方案付诸现实转化为物品和作品;劳动服务学习,根据四时农事展开基于劳动体验、劳动基本技能习得的学习。

以"二场景、五样式"为逻辑主线,对已有的校本课程的内容、结构和实施方式进行了调整与重构,优化了课程(见表20—2),让校本课程更加适合学生的自主学习。

表20—2 "二场景、五样式"为逻辑主线课程重构思路

学习方式	学习资源和学习主题的组织	
	基地学习场景 （集中学习、系统学习）	非基地学习场景 （分散学习、选择学习）
问题引导学习	校内种植基地： 1.夏天，什么时候给植物浇水最合适 学段：三、四年级　学时：2学时 2.种子埋得深、埋得浅哪种对种子发芽更有利 学段：五、六年级　学时：2学时	1.头发的生长速度 2.影子从哪里来 3.向日葵总是绕着太阳转，为什么 学段：三、四年级，学时：4学时 4.步子越大跑得越快吗 5.夏天人们为什么喜欢穿浅色衣服，而冬天喜欢穿深色衣服 6.淘米水能促进植物生长吗 学段：五、六年级　学时：4学时
设计制作学习	桃花纸非物质文化园：桃花扇的制作 学段：六年级　学时：4学时	1.校内警示牌的设计和制作 2."鸡蛋撞地球"实验的设计和操作 3.教室拖把设计和制作 学段：三、四年级　学时：4学时 4.宣传海报设计和制作 5.班级网页的设计和制作 6.庆祝元旦活动的设计 学段：五年级　学时：4学时
体验感悟学习	1.清凉峰忠孝祠堂：孝道体验 学段：三年级　学时：4学时 2.消防队：我是小小消防员 学段：四年级　学时：4学时 3.碧雪湖基地：救护与逃生 学段：五、六年级　学时：4学时	1.近访悠悠南屏 学段：三年级　学时：2学时 2.行走河桥古镇 学段：四年级　学时：2学时
劳动服务学习	校内种植基地：蔬菜的种植 学段：四、五年级　学时：12学时	1.家务劳动 学段：三年级　学时：12学时 2.我是小小营业员 学段：六年级　学时：8学时

续　表

学习方式	学习资源和学习主题的组织	
	基地学习场景 （集中学习、系统学习）	非基地学习场景 （分散学习、选择学习）
调查走访学习	国石城:昌化石的品种和特性 学段:六年级　学时:8学时	1.班级同学阅读情况的调查 2.学校同学视力情况调查 学段:三、四、五年级　学时:4学时

四、着眼课程领导力提升的学校管理机制完善

课程改革的深化发展,要求学校的管理由教学管理为中心向课程领导为主线转型,对于乡村学校的课程改革,提升学校的课程领导力,进一步完善学校课程管理机制十分重要。

提升乡村学校的课程领导的关键是要高质量地做好两项工作:一是要制定系统化的课程管理制度和构建高效的运作机制,形成完善管理制度,创建符合学校实际的学生选课指导制度,课程开发、管理和评价制度,学生发展的综合评价制度,走班教学的管理制度等,并根据需要对学校管理机构和运用机制进行改善,形成运作顺畅的工作机制。二是要提升学校层面和教研组、年级组层面的课程领导和管理水平,实现学校的管理文化从管控为主走向以专业领导为主,充分发挥教学名师、课程建设骨干教师的专业示范和引导作用,真正实现"把课程的开发权交给教师",带动全校的课程和课堂改革不断深化。

案例20—4　余杭区余杭中学课程管理制度和机制

学校建立起了完善的课程管理制度体系,制定了《杭州市余杭中学选修课程审定办法》《杭州市余杭中学选修课程开设制度》《杭州市余杭中学选修课程选课走班制度》《杭州市余杭中学选修课程教学常规》《杭州市余杭中学

学生社团管理条例》《杭州市余杭中学选修课程教师校本培训制度》《杭州市余杭中学教学常规》等规章制度。

学校成立了课程开发中心和选修课程评审委员会,规定了选修课程开发流程、选修课程建设的评价标准,建立了教师选修课程开发能力培训制度、选修课程开发—审核—准入—评价—退出制度、选修课程开发激励制度和选修课程教材建设经费保障制度。每学期进行一次校内选修课程成果评审,并给予表彰奖励;通过开展选修课程教学质量调查等措施以确保选修课程的质量,每学期开展一次选修课教学满意度问卷调查;每年组织一次选修课程开发研讨会,以评促建,以研促建,逐步提高课程质量。学校制定学生选课制度和学分认定管理制度,成立学分认定委员会、学生选课指导中心等专门机构,建立选修课程配套管理制度,加强选课走班管理,以确保学校课程的顺利实施。

案例20—5 富阳区新登中学课程领导的实践探索

在课程改革不断深化发展的背景下,富阳区新登中学的学校管理实现了由教学管理为中心向课程领导为主线的转型,在健全管理制度、完善组织机构、顺畅运作机制方面形成有价值的创新性经验。

学校从课程改革发展的需要出发,不断完善、优化课程管理制度,制定形成了系统的课程管理制度体系。该体系由《新登中学深化课程改革方案》《新登中学选修课程建设规划》《新登中学选修课程实施与管理方案》《新登中学选修课程评审制度》《新登中学学生选课指导制度》《新登中学学生选修课程选课指导手册》《新登中学学分认定实施细则》《新登中学学生成长记录册》《新登中学校外选修课程管理制度》等一系列制度构成。

为保障制度的落实,学校建立了专业性的管理和指导课程改革的组织,负责课程领导和管理职能的执行、监督。相关的组织机构有:深化课程改革工作领导小组、选修课程评审委员会、学分认定委员会、学生选课指导中心。

以课程领导为中心,梳理形成了学校课程管理运作的新机制(见图20—2)。

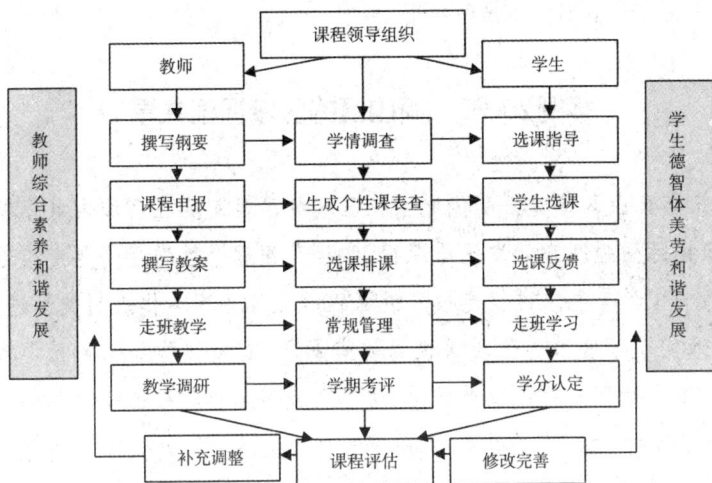

图20-2　学校课程管理运作机制

完善的制度体系,有效的运作机制,有力地保证了学校课程建设的质量,为学校课程改革的高质量推进提供了保障。

五、基于地缘抱团合作的高质量共同发展

乡村学校的课程改革的推进中发展不平衡是客观存在的现象。为了发挥课程建设优秀学校的引领作用,为了避免重复开发同类课程造成的资源浪费,乡村学校的课程改进可以基于地缘原则,依托相对课程建设比较好的学校,自发自愿地组成合作团队,通过抱团合作,共享优质课程和课程资源,谋求共同发展,实现共赢。

案例20—6　昌化镇学校间的课程建设合作

昌化一小的省精品课程"印象昌化",昌化二小的市精品课程"悦读家园",就在两校间进行了资源互通有无,课程开发和实施方法上相互学习,并进一步向昌化幼儿园延伸,向同区域的村小、初中学校辐射,对当地学校的课

程改革起到了非常积极的推动作用。

案例20—7 萧山区的区域课程共享

杭州市萧山区等建立了优质课程区域共享机制。在区域内共享精品课程,组织校际强强联合开发优质课程,学生可根据个性发展需要走校选课学习,教师响应学生要求进行走校开设课程等课程共享运作机制被创造出来,比较好地实现了区域内优质课程的均衡发展,有效地弥补了乡村学校的短板,发挥了乡村学校的资源优势,推动了区域内乡村学校课程改革的深化发展,助力了乡村学校"各美其美"的美好教育的发展。

学校课程改革的可持续发展,要求学校要不断地改进校本课程,优化和完善学校课程体系,提升课程建设的质量。课程改进工作的重点任务就是下述五项工作,即瞄准育人目标完善学校课程整体规划;立足地方和学校实际建设特色课程群;坚持以学习为中心重构和优化学校校本课程;着力提升课程领导力完善学校管理机制;基于地缘的抱团合作谋求高质量共同发展。

作者:黄津成

杭州市教育科学研究所

参考文献

1. 全国十二所重点师范大学联合编写. 教育学基础[M].北京:教育科学出版社,2013.

2. 路光远,杨四根.活跃的课程图景[M].上海:华东师范大学出版社,2017.

3. 沈曙红.办学理念策划十讲[M].上海:华东师范大学出版社,2019.

4. 汤文娴.乡土课程与教学实践创新案例[M].上海:华东师范大学出版社,2018.

5. 邢至晖,韩立芬.特色课程8问[M].上海:华东师范大学出版社,2013.

6. 万伟.课程的力量——学校课程规划、设计与实施[M].上海:华东师范大学出版社,2017.

7.[美]兰特·威金斯,[美]杰伊·麦克泰格.追求理解的教学设计[M].上海:华东师范大学出版社,2013.

8.[美]比尔·约翰逊.学生表现评定手册[M].上海:华东师范大学出版社,2001.

9. 施良方,崔允漷.教学理论:课堂教学的原理、策略与研究[M].上海:华东师范大学出版社,2010.

10. 张华.课程与教学论[M].上海:上海教育出版社,2002.

11. 上海市教育委员会教学研究室.幼儿园课程图景[M].上海:华东师范大学出版社,2013.

12. 王永红.中国教育改革开放40年(课程与教学卷)[M].北京:北京师范大学出版社,2019.

13. 于海洪,张婷,李加峰.基础教育课程改革的可持续发展研究[M].北京:科学出版社,2019.

14. 郭德侠.校长如何提升课程领导力[M].北京:北京师范大学出版社,2016.

15. 俞晓东.区域推进学校课程多样化的新范式[M].杭州:浙江教育出版社,2018.

16. 俞晓东.走向多元:深化义务教育课程改革的杭州样本[M].北京:现代出版社,2016.

17. 李臣之.校本课程开发[M].北京:北京师范大学出版社,2015.

18. 吴刚平.校本课程开发[M].成都:四川教育出版社,2002.

19. 郝德永.超越左与右:课程改革的第三条道路[M].北京:教育科学出版社,2013.

20. 柯政,肖驰.从整齐划一到多样选择:课程改革发展之路[M].上海:华东师范大学出版社,2018.

21. 黄晓玲.乡村学校开发利用社区课程资源模式探讨[J].中国农村教育,2004(9):53-54.

22. 黄晓玲.校本课程学习评价的现状、特点、问题及改进[J].教学与管理,2020(2).

23. 王绪堂.挖掘乡村本土资源　彰显课程乡土特色——读《乡村学校本土课程资源开发与利用的研究》有感[J].教育教学论坛,2016(23).

24. 岑俐.教——学——评一致性对学习结果的影响研究[J].教育参考,2016(06).

25. 秦晓蕾.语文校本课程建设对师生教学方式转变的影响研究[J].中学课程辅导(教师通讯),2019(17).

26. 樊海富.校本课程建设对师生教学方式转变的影响研究[J].课程教育研究,2019(26).

27. 王九红.校本课程建设与教学方式变革一体化实施——以南京市天正小学"我课堂"实践为例[J].小学教学研究,2017(25).

图书在版编目（ＣＩＰ）数据

乡村学校课程改革20问 / 杭州市教育科学研究所编
. -- 北京 ： 现代出版社，2020.5
　　ISBN 978-7-5143-8559-5

　　Ⅰ．①乡… Ⅱ．①杭… Ⅲ．①农村学校 – 课程改革 –
问题解答 Ⅳ．①G725-44

　　中国版本图书馆CIP数据核字(2020)第068087号

作　　　者：杭州市教育科学研究所　编
责任编辑：张桂玲
出版发行：现代出版社
地　　　址：北京市安定门外安华里504号
邮政编码：100011
电　　　话：010-64267325　64245264（传真）
网　　　址：www.xdcbs.com
电子邮箱：xiandai@cnpitc.com.cn
印　　　刷：杭州万星印务有限公司
开　　　本：710mm×1000mm　1/16
字　　　数：207千字
印　　　张：14.5
版　　　次：2020年5月第1版　2020年5月第1次印刷
书　　　号：ISBN 978-7-5143-8559-5
定　　　价：42.00元